SÉRIE *O QUE FAZER?*
ORIENTAÇÃO PROFISSIONAL

Blucher

SÉRIE *O QUE FAZER?*
ORIENTAÇÃO PROFISSIONAL

Maria Stella Sampaio Leite

Coordenadoras da série

Luciana Saddi

Sonia Soicher Terepins

Susana Muszkat

Thais Blucher

Série O que fazer? Orientação profissional
© 2018 Maria Stella Sampaio Leite
Luciana Saddi, Sonia Soicher Terepins, Susana Muszkat, Thais Blucher
(coordenadoras)
Editora Edgard Blücher Ltda.

1ª reimpressão – 2019

Blucher

Rua Pedroso Alvarenga, 1245, 4º andar
04531-934 – São Paulo – SP – Brasil
Tel.: 55 11 3078-5366
contato@blucher.com.br
www.blucher.com.br

Segundo o Novo Acordo Ortográfico, conforme
5. ed. do *Vocabulário Ortográfico da Língua
Portuguesa*, Academia Brasileira de Letras,
março de 2009.

É proibida a reprodução total ou parcial por
quaisquer meios sem autorização escrita da
editora.

Todos os direitos reservados pela Editora Edgard
Blücher Ltda.

Dados Internacionais de Catalogação
na Publicação (CIP)
Angélica Ilacqua CRB-8/7057

Leite, Maria Stella Sampaio

Orientação profissional / Maria Stella Sampaio
Leite. – São Paulo : Blucher, 2018.

136 p. (O que fazer?)

Bibliografia

ISBN 978-85-212-1349-9 (impresso)

ISBN 978-85-212-1350-5 (e-book)

1. Orientação profissional I. Título. II. Série.

18-1321 CDD 371.425

Índice para catálogo sistemático:
1. Orientação profissional

Conteúdo

A série *O que fazer?* *Luciana Saddi*   7

Prefácio *Marcelo Afonso Ribeiro*   9

Apresentação *Maria Stella Sampaio Leite*   11

1. Escolha   15

2. Futuro   25

3. Certeza   35

4. Desejo   39

5. Interesses   45

6. Tempo   55

7. Renúncia   69

8. Modelos   77

9. Vestibular   83

10. Protagonizar   89

11. De fio a pavio   101

6   CONTEÚDO

Bibliografia   117

Filmes recomendados   125

Textos recomendados   129

Serviços   135

A série *O que fazer?*

A série *O que fazer?* nasceu de uma dupla necessidade: divulgar de forma coloquial e simples o conhecimento psicanalítico e científico, normalmente restrito à clínica particular, e auxiliar o público leigo a entender determinadas situações e buscar soluções para seus dramas cotidianos.

A psicanálise tem mais de cem anos de experiência em diferentes formas de atendimento. Ela é bastante reconhecida pelo sucesso dos resultados e por um conjunto sólido de reflexões a respeito das questões humanas. Acreditamos que temos muito a contribuir com a sociedade de modo geral. Esta série de livros é a prova do desenvolvimento e crescimento de nosso ofício.

Compartilhar dados confiáveis, fornecidos por um profissional capacitado, sobre problemas atuais nas áreas de saúde, educação e família é o nosso objetivo.

Afinal, quem não se sente perdido, sem saber o que fazer, em meio a tanta informação dispersa e disparatada nos mais tradicionais meios de comunicação e nas redes sociais? A série *O que fazer?*

procura criar um guia, uma espécie de orientador científico – que ultrapasse a mera lista de informações –, possibilitando a compreensão ampla e profunda de determinada situação ou questão, pois acreditamos que compreender está a meio caminho de solucionar. Contudo, não se engane: estes não são livros de autoajuda, pois solucionar nem de longe é sinônimo de resolver e, muitas vezes, significa apenas aprender a conviver com o que pouco podemos modificar. Mesmo assim, é melhor percorrer um trajeto difícil se este estiver devidamente iluminado.

Luciana Saddi

Prefácio

Neste livro, Maria Stella Sampaio Leite nos brinda com um texto que lança luzes de qualidade no terreno da orientação profissional e de carreira.

A autora transforma sua experiência profissional como psicóloga e orientadora profissional em um excelente e fundamentado guia de reflexão e ação para o planejamento e desenvolvimento da carreira. De forma crítica e sempre propondo a reflexão acerca de caminhos e possibilidades em vez de oferecer soluções prontas e predefinidas, ela constrói uma leitura agradável e aprofundada, repleta de questionamentos, reflexões e rupturas de estereótipos e verdades inquestionáveis sobre o mundo do trabalho, das carreiras e de momentos de escolhas profissionais.

"Faça isto que você se dará bem" não é o lema do livro proposto por Maria Stella; é, nas próprias palavras da autora, "analisar os fatos como eles são", o que, "apesar de promover a desilusão", "fortalece e oferece condições de lidar efetivamente com a complexidade

10 PREFÁCIO

da situação"; afinal, estamos falando do futuro profissional de pessoas, coisa séria e de máxima importância.

A regra do jogo é compreender que nem todas as regras estão postas desde o início e que são passíveis de interpretação. Por isso, Maria Stella recomenda três ações necessárias para enveredar pelo futuro profissional: *Refletir*, não se contentando com o que dizem que é o certo e que é a verdade; *investigar em profundidade*; e *buscar saídas e soluções para o próximo passo da vida* a ser realizado na preparação para o mundo do trabalho. Isso pode ser alcançado por meio de um curso superior ou técnico ou no próprio mundo do trabalho diretamente.

É por esse motivo que a leitura deste livro oferece recursos valiosos para a tarefa inesgotável de compreensão das várias facetas e dimensões de questões emergentes em momentos de escolha e decisão profissional, não somente refletindo sobre as questões postuladas pela autora, mas também fazendo emergir novas questões e possibilidades de reflexão e investigação, sendo, assim, leitura obrigatória para todos que estejam vivendo ou estão prestes a viver momentos de escolha e decisão profissional.

Marcelo Afonso Ribeiro[1]

---

1 Psicólogo, orientador profissional e de carreira e professor associado do Departamento de Psicologia Social e do Trabalho do Instituto de Psicologia da Universidade de São Paulo (IPUSP).

Apresentação

A série *O que fazer?* tem como objetivo prestar serviço à comunidade por meio da discussão de temas da vida cotidiana na perspectiva psicanalítica. Fornece informações e orientações de maneira compreensível/acessível. Com isso, promove reflexão e esclarecimento buscando minimizar idealizações e preconceitos.

Este volume, *Orientação profissional*, é dirigido a jovens em fase de primeira escolha profissional, a seus pais, bem como a adultos que buscam reorientar-se profissionalmente. Propõe-se a ajudar pessoas que se sentem hesitantes ou indecisas quanto à escolha da profissão e pais preocupados com o futuro profissional de seus filhos sem, no entanto, fornecer receitas prontas, porque, via de regra, estas são pouco eficientes, como é o caso da maioria dos livros de autoajuda.

Há trinta anos trabalho com orientação profissional em atendimentos de jovens e adultos, em grupo ou individualmente, totalizando mais de 2.500 pessoas, no consultório e na Colmeia – Instituição a Serviço da Juventude.

Minha experiência mostra que, quando um jovem precisa fazer sua escolha, esse processo impacta a família no seu conjunto. Todos se mobilizam. Os mais velhos, apoiando-se nas próprias experiências, buscam pensar um caminho futuro tão bom ou melhor do que aquele que traçaram para si mesmos. Uma vez que a escolha profissional de um dos componentes da família promove questionamento em todos, cabe a este livro examinar e propor um caminho a essas interrogações, tanto no âmbito individual quanto no familiar.

O presente volume sobre escolha profissional está dividido em dois blocos: o primeiro aborda aspectos que envolvem a orientação profissional nos pressupostos básicos e está localizado no primeiro capítulo. O segundo bloco compreende os capítulos subsequentes, separados em feixes de problemas extraídos do cotidiano da prática em orientação profissional.

Cada um desses tópicos analisa alguns mitos presentes no imaginário das pessoas quando o assunto é escolha profissional. Diante da angústia que esse período desperta em toda a família, algumas verdades e alguns mitos são construídos pela família a fim de atenuar as tensões despertadas em todos os envolvidos.

Nada mais natural! O futuro é sempre imprevisível, e lidar com ele, deixar-se impactar pela novidade e tirar proveito desta são ações diretamente relacionadas à experiência acumulada ao longo da vida. Logo, quanto maior a experiência do indivíduo, maiores são as chances de processar os fatos com os quais se depara. Mas, salvo raras exceções, os jovens têm ainda pouca vivência que lhe sirva de suporte, que lhe forneça segurança e incentivo.

As incertezas remetem, de um lado, às questões sobre *quem eu sou* e, de outro, a *o que a realidade me reserva*. Quando interrogados a respeito dos temores quanto ao futuro, algumas respostas são frequentes: *E se eu mudar de ideia e deixar de gostar da minha opção por determinada profissão no meio da faculdade ou quando terminá-la? E se eu não conseguir trabalho naquilo que escolhi?*

Essas indagações justificam-se uma vez que dificilmente se chega ao *quem sou eu* definitivo, na juventude ou na maturidade. Da mesma forma, a realidade se movimenta, sobretudo a realidade das profissões.

O exemplo a seguir mostra como Luís gostaria de ter um conhecimento concluído de si, uma imagem apreensível e, com isso, escolher sua profissão com segurança. Mas se sente vacilante e cheio de dúvidas ao explicar suas habilidades: *Não sei como eu sou, às vezes acho que sou líder, pois eu criei uma feira científica na escola com competência. A ideia de criar o evento não partiu de mim, é verdade, mas o nome foi meu. Sou meio mais ou menos um* expert *nas coisas que eu faço.*

Sendo um *expert* no que faz, poderia sentir a segurança necessária a qualquer projeto profissional, mas, tão logo afirma a qualidade de ser um *expert*, relativiza e ajusta essa ideia à realidade dizendo-se *meio mais ou menos.*

As verdades e os mitos presentes no momento da escolha profissional encobrem aspectos da vida, oferecem realidades fictícias: são ilusões. As conversas com os jovens e seus pais a respeito desses mitos são tranquilizadoras porque, apesar de promover a desilusão, analisar os fatos como eles são fortalece e oferece condições de lidar efetivamente com a complexidade da situação.

Os 32 mitos familiares sobre a escolha profissional apresentados neste livro podem ser lidos em separado sem comprometer a compreensão do leitor. E cada um deles tem a finalidade de proporcionar a reflexão sobre si mesmo em seus aspectos individuais e sociais, o que fortalece cada um na construção de sua carreira. Esse aprofundamento sobre os múltiplos fatores intervenientes na escolha profissional esclarece o sentido que a escolha tem para cada pessoa, sempre com vistas ao fortalecimento do projeto pessoal e à realização das próprias conquistas.

Se, com este livro, eu puder apontar caminhos, abrir possibilidades de reflexão sobre o tema e auxiliar quem se sente desamparado para enfrentar o momento da escolha profissional, me sentirei realizada nos meus propósitos. Boa leitura!

Maria Stella Sampaio Leite

1. Escolha

O que é uma orientação profissional?

Se, anos atrás, a função do orientador profissional limitava-se à testagem exaustiva dos fatores inteligência, habilidades, interesses etc. a fim de delinear o melhor caminho para cada um alcançar seu ideal, hoje, se espera que quem procura orientação profissional possa aprender a realizar sua escolha e comprometer-se com ela. O orientador ajuda o indivíduo a analisar seus desejos, resistências, possibilidades, dificuldades com vistas a traçar um projeto de carreira. Mais do que tomar contato com a aspiração principal, o jovem defronta-se com um vasto leque de aspirações, diversas facetas de si mesmo que serão privilegiadas em momentos diferentes na escolha profissional.

Em certa ocasião, no primeiro encontro de um grupo, uma jovem introspectiva disse: "Intriga-me qual é o sentido da vida. A escolha da profissão tem a ver com isso. Escolher é dar um sentido a ela". A pergunta mobilizou os demais jovens, que começaram a elencar o que consideravam ser o sentido da vida: a felicidade, a realização, os amigos, a vida amorosa, familiar, além do trabalho. A reunião de pessoas para pensar sobre o futuro tem relação com a escolha da profissão a seguir e com o traçado de um projeto de vida, mas também desperta muitas outras reflexões, como as expectativas, os sonhos e os temores. Com isso, espera-se que o sujeito se implique, responsabilize-se pelas próprias escolhas e projetos futuros.

Essa abordagem toma em consideração a singularidade da escolha profissional e, para isso, propõe-se a analisar profundamente o indivíduo em suas realidades interna e externa, sobretudo em seu conflito predominante. O foco da investigação é a pessoa e seu jeito de eleger prioridades, diferente das modalidades psicométricas, para as quais a decisão compete ao orientador, que utiliza vários testes e conclui sobre a profissão que melhor se enquadra à pessoa. Quando a perspectiva é o sujeito, privilegia-se a representação indireta e figurada na análise da problemática psicológica do jovem e o sentido dado por ele às ocupações e ao mercado das profissões. Assim é possível ajudar aquele que procura um trabalho de orientação profissional a realizar uma decisão madura e conquistar um lugar na comunidade adulta.

A orientação profissional propõe o foco para três tempos: o curso, a profissão e a carreira. Esta última diz respeito à perspectiva futura, que, ao contrário do que muita gente pensa, não oferece qualquer trajetória profissional em linha reta. Isso porque, ao processar uma escolha dessa natureza, o indivíduo é obrigado a privilegiar determinados aspectos de si mesmo em prejuízo de outros. Vejamos: a escolha profissional é uma ação continuada que se inicia antes da adolescência, culmina nesse período com a decisão quanto ao curso que levará a uma profissão, que é o primeiro degrau da carreira, e prossegue ao longo da vida.

A carreira é a linha profissional construída durante um período largo, de algumas décadas. É na visada em retrospectiva, justamente com certo tempo de experiência acumulada, que se tem a noção do traçado de uma carreira, sua visão de conjunto.

A *quem se destina a orientação profissional?*

A orientação profissional é dirigida prioritariamente ao adolescente, porque é nessa fase da vida que a problemática vocacional se estrutura e emerge como dificuldade. No início da história da orientação profissional, havia a preocupação por parte dos orientadores em estabelecer relações ponto a ponto entre as profissões e as características de personalidade da pessoa. Nesse período, predominava a teoria *traço-fator*, segundo a qual se acreditava que a cada traço de personalidade correspondia um fator presente em uma profissão. Foi uma época na qual vários testes psicológicos foram criados com a finalidade de definir a profissão que melhor se enquadrasse a cada pessoa. Na ocasião, dava-se muito valor à vocação, acreditando que ela fosse um chamado divino e inato. Atualmente, se entende que vocação não é algo exclusivamente inato, nem adquirido, não há chamado divino que associe uma pessoa a uma vocação e, com isso, a determinada profissão. O grande ganho nessa mudança é que a decisão da pessoa passa a ser respeitada. Nesse sentido, acredita-se que cabe ao sujeito a condição de escolher e a escolha do futuro é algo que lhe pertence.

O jovem que busca orientação profissional está atrás do que possa realizá-lo no futuro. E, para compreender e analisar a complexidade desse pedido, é necessário entender as diferentes instituições nas quais essa pessoa está alicerçada, em especial família, sistema educacional e sistema de produção. Para o jovem, não há futuro, ou mesmo uma profissão, em abstrato. Ele quer ser um profissional, real ou imaginado, com tais e quais características, semelhante ou diferente de tal pessoa. A escolha sempre diz respeito

18 ESCOLHA

aos vínculos com os outros. Aspira a ser isso ou aquilo segundo essa ou aquela pessoa, das relações primárias (pais e familiares) e/ou das relações secundárias (professores e líderes), pertencentes ao mundo no qual quer ingressar. "Para um adolescente, definir o futuro não é somente definir o que fazer, mas, fundamentalmente, definir quem ser e, ao mesmo tempo, quem não ser".[1] O dilema do jovem, nesse momento, está na dificuldade em conciliar tudo o que pensou e ouviu falar a respeito de si mesmo.

Lembro-me de um jovem que decidiu cursar computação, mas mostrava nisso grande preocupação. Dizia que não podia cursar ciências da computação porque firmara um pacto com seu irmão gêmeo de que não seguiriam a mesma profissão, e essa já era a escolha do irmão. Contou que os dois sempre rivalizaram muito, sobretudo quanto à vida escolar, e o trato entre eles tinha a função de separá-los, proporcionando maior autonomia a cada um deles a partir da universidade. Ora, isso trazia um efeito contrário: em vez de ambos conquistarem maior liberdade, a escolha do irmão restringia a liberdade de escolha do meu paciente. Ele podia ser tudo, menos profissional de computação. Assim, no final da nossa avaliação o rapaz definiu-se por ciências da computação e aceitou encarar uma conversa com o irmão que esclarecesse as razões da quebra do acordo que tinham firmado.

Todo jovem torna-se adulto mediante um processo psíquico de integração de seus aspectos pessoais, grupais e valorativos. Por isso, as inquietações relativas ao futuro profissional estão amalgamadas a várias outras, sendo possível conhecer sua problemática profissional se a enxergarmos inserida na dinâmica geral dos adolescentes. Estes são por excelência os candidatos para orientação vocacional, pois se supõe que, ao final do ensino médio, realizarão a escolha sobre como prosseguir seus estudos. A orientação

---

1 Bohoslavsky (1977, p. 53).

vocacional/profissional como um todo promove um *insight* no adolescente com relação a seu modo de pensar, sua identidade ocupacional, bem como à dinâmica de sua personalidade.

O jovem que busca se orientar profissionalmente está preocupado com o futuro e está atrás de algo que o faça feliz, que venha a realizá-lo. Não só os adolescentes estão à procura da felicidade. Quantos artifícios são usados em nome dela! A paixão, a eterna juventude, a busca do paraíso... Para os adultos, o futuro é agora, mas, para o jovem, é um tempo potencial, carregado de esperanças e medos. Quando ele pensa em uma profissão, acredita estar usando plenamente do seu livre-arbítrio e espera ter, com isso, certezas e garantias sobre seu futuro. O adolescente considera que o único problema está em descobrir dentro de si a ponta do *iceberg*. A escolha tem raízes no passado, desenvolvimento no presente e abre-se para o futuro, porém o jovem não tem consciência disso. O futuro tem raízes naquilo que se é nas ordens institucionais *familiar*, da *educação* e do *mundo do trabalho*. O futuro, para o adolescente, não é algo abstrato, está povoado de personagens, reais ou imaginários, com tais ou quais atributos valorizados que acredita poderem ser conquistados seguindo as suas profissões. Esse futuro, vivido no presente, também se mostra repleto de temores relativos ao desconhecido.

> Para os adultos, o futuro é agora, mas para o jovem é um tempo potencial, carregado de esperanças e medos.

Em meio a tantas turbulências próprias à adolescência, quando o jovem descobre o que estudar e em que trabalhar, escolhas entendidas como meio de aceder a papéis sociais adultos, dizemos que ele alcançou sua identidade ocupacional, sofrendo as mesmas operações na conquista da identidade pessoal, uma vez que a identidade ocupacional se desenvolve como um aspecto da identidade pessoal. A ocupação é o conjunto de expectativas de papel. A assunção desses papéis pode ser conquistada a partir de aspectos conscientes ou inconscientes.

Adolescência significa evolução biológica natural desde a infância até a maturidade. *Adolescere* quer dizer "jovem adulto", crescer e dor. A passagem da adolescência corresponde a certo número de exigências internas e expectativas externas que forçam o psiquismo do sujeito a um trabalho de processamento e de reorganização. Desse processo dependerá, em grande medida, toda a evolução da personalidade e o posicionamento diante da família e do grupo mais amplo.

Escolher uma profissão é também um ritual de passagem

A escolha profissional é um dos rituais de passagem do jovem adolescente na nossa cultura. Por meio da profissão, ele alcança a diferenciação dos pais, afirma a pertinência a um grupo e assegura um lugar na sociedade.

> A escolha profissional é um dos rituais de passagem do jovem adolescente na nossa cultura.

Os mitos são lendas ou histórias criadas e contadas de geração em geração que narram e explicam a origem de determinado fenômeno, ser vivo, instituição ou costume social. Os ritos são um conjunto de comportamentos realizados pelos componentes de certo grupo com a finalidade de trazer à memória alguns mitos e que garante a pertinência ao grupo. Ritos e mitos expressam as maneiras de uma dada cultura processar os aspectos complexos e contraditórios da vida, como nascimento, morte, adolescência e casamento.

Em quase todas as culturas, há um ritual de passagem da infância para a adolescência que possui algumas constantes: passar do estado de natureza selvagem para a cultura e suas regras, o que implica muitas vezes um processo doloroso, arriscado para o corpo, e solitário; em algumas culturas, os ritos simbolizam purificação (semelhante ao batismo) e fecundidade.[2]

Na antiga Roma, o ritual de iniciação salientava a caça, as brigas entre os grupos rivais, as corridas e a nudez. Havia, por exemplo, uma cerimônia em que a realização de uma corrida em volta da cidade se dava sem vestes, somente com uma tira de couro de animal amarrada na cintura. Correr era próprio dos escravos, enquanto o cidadão corria somente nessa cerimônia. Nesse ritual, a nudez significava não uma nudez absoluta, mas a ausência da toga viril, a roupa por excelência do cidadão, a veste que os cidadãos de Roma deveriam adotar obrigatoriamente como definição de seu próprio *status*, e que como tal era rigorosamente proibida aos estrangeiros e exilados. Após a envergadura da toga viril, começava um período de aprendizado, principalmente de ordem militar, com valores de coragem, arrogância e até de ferocidade, mas sempre acompanhados da disciplina e da obediência.[3]

O ritual de passagem da criança para a fase adulta foi retratado intensamente nas obras de arte grega. O centauro era uma versão mitológica da iniciação: uma personagem que já em seu aspecto físico, meio homem e meio animal (cavalo), mostrava a pertinência a dois mundos, o da natureza e o da cultura, em analogia ao mundo da infância e ao da maturidade. O centauro era respeitado como mestre. Hábil caçador, foi muitas vezes figurado com uma

---

2   Jeammet e Corços (2005).
3   Fraschetti (1996).

caça na ponta de um galho. O treinamento do jovem grego se estendia também ao conhecimento do território, aos exercícios físicos e à habilidade nas competições e nos concursos.[4]

O que são identificações?

Identificação é um mecanismo psíquico fundamental no desenvolvimento humano em geral e, em particular, nessa etapa da vida, a adolescência. Trata-se da possibilidade que uma pessoa tem de incorporar aspectos ou características de outra pessoa com a qual tem relação de afeto. É o caso, a título de exemplo, da menina que brinca de usar os sapatos da mãe ou do menino que procura assimilar os gestos do pai. Fazendo assim, a pessoa é capaz de se afastar de alguém importante para ela. Na medida em que ela introjeta, põe no interior de si aspectos do outro, a separação pode ocorrer.

Na adolescência, o indivíduo precisa separar-se dos pais e, para isso, assimila certos aspectos deles; mas é claro que, estando no auge de sua individuação, ele processa, confronta as semelhanças e as divergências, a fim de desenvolver a própria identidade. As identificações podem ocorrer com os ideais dos adultos, os ideais paternos e, às vezes, para diferenciar-se dos pais, o adolescente que busca sua identidade se esforça por contrariar exatamente os modelos paternos.

---

4 Schnapp (1996).

Qual é a diferença entre orientação vocacional e profissional?

Há diferentes maneiras de denominar o trabalho de auxiliar uma pessoa a realizar sua escolha profissional com relação ao futuro: orientação profissional, vocacional *e* ocupacional. *Não existe propriamente um consenso quanto à nomeação desse trabalho entre os profissionais que atuam nesse campo; cada posicionamento e justificativa tem suas razões. Alguns autores usam a expressão "orientação vocacional" por considerar que sua teoria, diferentemente das técnicas psicométricas, vai a fundo na dinâmica psíquica do indivíduo, a qual é justamente do domínio do aspecto vocacional da pessoa. Hoje, um conjunto grande de profissionais da área prefere chamar esse trabalho de orientação profissional para evitar o uso da palavra* vocação, *um termo entendido em sua origem como chamado divino, algo determinista, que salienta os aspectos inatos do indivíduo. Outros profissionais preferem usar vocacional/ocupacional dando ênfase ao foco no indivíduo e na profissão. O público leigo que nos procura entende esse serviço como orientação vocacional simplesmente, e algumas pessoas chegam a se aborrecer com a expressão* orientação profissional *porque empresta um sentido literal para o que supõe ser uma abordagem que pretende fazer uma projeção muito longínqua do futuro profissional do sujeito.*[5]

---

5 Leite (2015, pp. 19-20).

Atualmente, uma expressão que alude ao trabalho de orientação profissional tem sido usada: trata-se do *coaching*. Esse termo vem do inglês e quer dizer o processo segundo o qual uma pessoa é orientada ou conduzida de uma posição A à B visando a um desempenho melhor. Qualquer tipo de intervenção com pessoas se propõe a acompanhar, tratar ou orientar; a diferença está no método usado e na consistência da qualificação do profissional. Essa atividade tem gerado muita confusão porque seu campo de atuação ultrapassou sua concepção original de ajudar adultos e recém--formados a planejarem suas carreiras. Hoje em dia, há *coaching* para qualquer dificuldade das pessoas com seu dia a dia: para os que queiram se orientar profissionalmente, *coaching* de mãe de primeiro filho, *coaching* de casal em início de vida conjugal, *coaching* de pessoas apavoradas com tratamento odontológico, e por aí vai. Embora às vezes *coaching* seja usado como sinônimo de orientação profissional, prefiro manter o termo orientação profissional/vocacional para jovens em sua primeira escolha e para adultos em seu redirecionamento de carreira por considerar que essa prática é eficiente na medida em que alcança níveis profundos na análise minuciosa da dinâmica psíquica do sujeito, e isso se consegue pela ação de profissional com formação sólida e especializada.

2. Futuro

Como é possível, aos 16 anos, escolher uma profissão para o resto da vida?

A escolha profissional para o resto da vida é um mito. A escolha tem um prazo de validade, não fornece garantia futura. Ao final do ensino médio, muitos adolescentes ficam às voltas com o que escolher cursar dando continuidade aos estudos com vistas ao exercício profissional. Indagam-se sobre com o que gostariam de trabalhar. Nem sempre os jovens estão preparados para essa decisão. No entanto, a escolha ocorre, querendo ou não. Mesmo o jovem que opta pelo *college* no exterior, na esperança de adiar a escolha – ainda assim, ele está escolhendo. No caso, ele escolhe sair do Brasil, separar-se da família e dos amigos e deixar essas questões para o futuro.

> A escolha profissional para o resto da vida é um mito.

Uma das dificuldades da escolha profissional se deve ao fato de o jovem gostar de muitas coisas, ter um leque de áreas de interesses e ver suas opções profissionais como excludentes e estanques umas em relação às outras. Acredita que o ingresso em uma profissão por meio de um curso deverá mantê-lo nessa via para sempre. Vejamos o sofrimento de Pedro com a escolha. Ao entrar em contato com todas as profissões para selecionar suas preferências, angustia-se: "Como separá-las se cada profissão é somente um recorte do conjunto das áreas do conhecimento?", explica melhor sua angústia. "A própria arquitetura tem um olhar para tudo sem delimitação." Ele tem razão: os limites entre as profissões são convenções. As divisões entre faculdades são dadas para facilitar as instituições de ensino. É uma porta para a formação. Superada essa etapa, outras tantas se abrem diante do graduado.

A primeira escolha de caráter profissional é um degrau. Ao longo e ao final da faculdade, muitas conexões com outras áreas vizinhas, ou nem tanto, serão feitas. Para ilustrar, Marina gostava de temas sociais e legislação aos 17 anos. Considerou que o direito lhe proporcionaria ferramentas adequadas para atuar na sociedade. Fez essa faculdade e, ao longo do estágio, foi trabalhar com políticas públicas de ocupação de espaços públicos, tangenciando o urbanismo.

Para a primeira escolha, o estudante seleciona um conjunto de interesses e o associa a algumas profissões. Uma vez desenhado o grupo de aspectos a serem priorizados, tem um esboço do caminho e, assim, ele delineia certos passos de seu trajeto profissional. Os demais interesses não são desprezados ou descartados, mas temporariamente guardados. Alguns interesses serão retomados no futuro sob a forma de especializações ou pós-graduações. Às vezes, esses aspectos podem se presentificar na atividade profissional sob a forma de um traço, de um valor ou de uma missão. É o caso de uma colega minha do colégio, grande jogadora nas aulas de educação física que virou psicóloga esportiva. Ou, ainda, podem acompanhar a vida da pessoa paralelamente, como um *hobby*. Tereza, já idosa, dizia que o piano foi sua grande companhia em todos os momentos marcantes da vida.

Na primeira escolha, aos 17 ou 18 anos, o jovem precisa elencar seus interesses e estabelecer prioridades. Com isso, ele abre mão temporariamente das aspirações, que ficarão para um segundo momento. Temos aí um exercício de renúncia, muitas vezes penoso.

> A primeira escolha aos 17 ou 18 anos obriga o jovem a abrir mão temporariamente de outras aspirações. Temos aí um exercício de renúncia, muitas vezes penoso.

A orientação profissional propõe ao jovem que ele selecione os profissionais com os quais se afina para realizar diferentes tarefas. Michel sofre por ter que abrir mão de qualquer profissão nesse jogo de seleção. E justifica: "Não posso dizer quem é melhor para mim. São todos necessários para a sociedade e amáveis". Apesar da resistência, conseguiu chegar a dez alternativas de profissões desejadas para seu futuro, sendo metade delas engenharias, ainda que, curiosamente, não apresentasse qualquer prazer em estudar as ciências exatas. E diz:

> *Sempre achei que fosse seguir a profissão do meu pai, engenharia, não sei o que fazer com isso. Não tenho maiores afinidades com essa carreira. Mas qual estatuto dar a ela na minha vida? Em outras palavras, será que, me afastando da engenharia, me afasto do meu pai?*

A afinidade com o pai pode ocorrer em vários outros aspectos, sem que para isso tenha que seguir a profissão dele.

A primeira escolha faz parte do início da carreira, e as escolhas têm motivos subjetivos. Podem ocorrer por afinidade com um familiar, pela expectativa de exercer uma missão, pela atualização de uma preferência. Entretanto, alguns jovens sofrem ao realizar o recorte, confundem eleger algo com fazer mal a todas as opções deixadas de lado. Posicionar-se a favor de uma direção necessariamente implica abrir mão de outros rumos. A possibilidade de atender a todas as direções é um mito, o de ser polivalente, completo, tudo ao mesmo tempo.

A quantidade de profissões existentes na atualidade dificulta a escolha profissional

Algumas pessoas atribuem a dificuldade em escolher uma profissão ao fato de haver muitas ofertas. Seria então o caso de conhecer todas elas? Ler a respeito expandindo as informações sobre cada uma delas, sem dúvida, é fundamental. Entretanto, certas pessoas mais meticulosas acham que ler sobre as profissões não é suficiente; têm que vivenciar a profissão, pois consideram que para conhecer uma atividade profissional é preciso passar uns dias no escritório daquela especialidade. Como seria possível conhecer todas as profissões usando essa sistemática? Suponhamos que isso fosse viável. Nessa hipótese, podemos perguntar sobre o limite do conhecimento suficiente. A possibilidade de informação sobre cada tema não se esgota. Em conversa com essas pessoas, noto a crença de que há uma única profissão ideal aguardando cada sujeito. Além disso, pode-se pensar no mito de que o conhecimento profundo minimiza as chances de erro. Traçando um paralelo com a vida amorosa, será que para achar a companheira certa é necessário conhecer todas as mulheres do mundo?

Outro dia um pai indagou-me: "Hoje em dia é mais difícil para os jovens escolherem uma profissão do que na nossa época, dada a diversidade de alternativas?". Ele fazia referência à diversidade de graduações, de um lado, e de ocupações, do outro.

Quanto à variedade de graduações oferecidas pelo sistema educacional, é fácil constatar esse aumento nas faculdades e nos cursos tecnológicos apresentados nos guias de profissões editados anualmente, embora parte das ditas novas profissões seja desdobramento de antigas ocupações já consolidadas.

Quando se fala em exercício profissional ao longo de uma carreira, a coisa é mais complexa ainda. Primeiro, porque não há profissão enxuta, as ocupações não o são tampouco: são mesclas de vários campos do conhecimento. As ocupações são cada vez mais plurais, e os jovens, em número crescente, não se mantêm muito tempo na profissão escolhida, mas têm uma carreira entrecortada por novos interesses e formações. O mercado das profissões sofre contínuas transformações, impulsionado pelo desenvolvimento tecnológico que, nos últimos vinte anos, foi maior que toda a produção tecnológica da história da civilização.[1]

E, segundo, porque as escolhas de caminhos profissionais são singulares. Isto é, aquilo que motiva um sujeito em um projeto é completamente diferente do que envolve outro em seu projeto, mesmo que ambos façam a mesma graduação, sobretudo porque o exercício de uma profissão tem a ver com o desejo, que, por sua vez, apresenta determinantes inconscientes. Mas aquele comentário do pai nos põe a pensar em outro aspecto. Uma razão para que a escolha antigamente fosse mais tranquila é o fato de que, há

---

1   Dowbor (2015).

30 FUTURO

alguns anos, as autoridades – pais, professores e líderes de maneira geral – tinham enorme ascendência sobre os jovens. Alguns deles faziam o que eram instados a fazer, é verdade, mas outros enfrentavam e criavam forte oposição, impondo suas opções. Enfrentava-se ou obedecia-se alguém imbuído de autoridade que representava um conjunto de normas, verdades e expectativas do grupo com relação àquele indivíduo.[2]

Sempre haverá mais e mais profissões. Cada pessoa, no exercício de sua profissão, se atém a uma parte de todo o campo do conhecimento norteado por sua bússola interna. Achar que é possível conhecer tudo e que, ao conhecer tudo, terá mais clareza para optar, é ilusão.

> Achar que é possível conhecer tudo e que, ao conhecer tudo, terá mais clareza para optar, é ilusão.

Algumas profissões sempre oferecerão trabalho, independentemente de crises

Será que há profissões que oferecem garantia de estabilidade futura? É frequente jovens e adultos apegarem-se a algumas convicções na expectativa de se proteger do desconhecido e dos possíveis desafios que a vida profissional sempre impõe. Essas crenças parecem fórmulas mágicas e não resolvem o problema de investir na escolha de uma profissão hoje com vistas ao futuro.

Um desses mitos é o de que sempre haverá trabalho para aqueles que escolherem as profissões clássicas, como engenharia, medicina e direito. Inclusive, ouvi um pai dizendo, meio em tom de

---

2 Leite (2015).

brincadeira, para seu filho: "faça qualquer coisa depois da Engenharia". Há quem se refira ao direito como oferecedor de futuro garantido, em especial a carreira pública, que, segundo Pedro, "dá um alto salário, aposentadoria integral e duas férias por ano".

Outro mito é o de que há algumas profissões-*coringa*, solução para qualquer pessoa perdida. Essas são, por exemplo, as profissões generalistas, como administração de empresas, que oferece ferramentas para se montar um negócio próprio, uma atividade que qualquer pessoa pode fazer. Não é raro escutar de jovens em fase de escolha profissional: "Estou inseguro quanto à escolha, então é o caso de cursar Administração, porque, na pior das hipóteses, posso montar um negócio". O problema é que mesmo o curso de Administração é uma empreitada que pede afinidade com certas áreas do conhecimento, difícil para alguns jovens encararem. Nesse caso, vale a pena saber no que consiste a grade curricular do curso antes de arriscar.

Já outras profissões são tidas como desvantajosas do ponto de vista econômico, como é o caso da docência. É frequente ouvir que professor é sempre mal remunerado.

Estamos lidando com idealizações e preconceitos. Há engenheiros, advogados, médicos e administradores realizados, e outros não realizados. Assim como há professores com dinheiro e outros sem.

As entidades de classe sugerem as tabelas dos honorários de cada categoria, e respeitá-las ou não depende da força de cada grupo profissional. Todas as profissões são relevantes para a sociedade, têm inestimável valor, têm função para o homem e a coletividade.

Outro dia, uma senhora preocupada com o futuro do filho referia-se a um conhecido: "Fulano não aconteceu". No caso, tratava-se de um artista que, embora fizesse trabalhos regulares, sempre

32 FUTURO

lamentava não ser pago dignamente. A imagem do "não acontecer" está ligada ao que se considera fracasso financeiro, levando o "fracassado" a perder sua condição de existência e de reconhecimento. Ganhar dinheiro seria tão objetivo e direto assim? Alguns profissionais têm maior facilidade e outros maior dificuldade de lidar com dinheiro, independentemente da profissão.

O dinheiro está relacionado mais a cada profissional do que a essa ou àquela profissão. Pessoas inteligentes com carreiras semelhantes têm retornos financeiros diferentes, o que depende menos da profissão escolhida e mais da forma como cada um orienta e maneja sua carreira e sua imagem.

Há notícias sobre o mercado de profissões, bem como suas respectivas remunerações. Conjecturar sobre as tendências futuras é mais delicado, sobretudo porque as profissões alternam posições altas e baixas de época para época. Pautar-se pelas supostas tendências futuras costuma dar problema. Aspectos relativos a cada profissão devem ser avaliados porque a vida profissional tem particularidades, dependendo do sujeito e da profissão. Algumas profissões proporcionam colocação mais rápida que outras.

Alguém muito identificado com a própria escolha profissional e conectado com o mundo do trabalho talvez consiga encontrar mais tranquilamente seu nicho de atuação. Outro dia, uma jornalista me perguntou sobre a possibilidade de as profissões ficarem obsoletas, visto estarmos vivendo uma época de grandes transformações. Ora, esse é mais um motivo para a pessoa escolher algo com o que se identifique muito. Nesse caso, sentir-se-á mobilizado para estar em contínuo aprimoramento, diminuindo assim o risco de se tornar antiquado.

Leem-se nos jornais orientações de consultores com o caminho do sucesso. *Faça isso ou aquilo que você terá sucesso, fale várias línguas, aprenda tecnologia, saiba trabalhar em equipe, faça um planejamento econômico*, e por aí vai. Essas dicas, que mais parecem expressar a tirania das publicações de autoajuda, pouco ou nada auxiliam o jovem na fase da primeira escolha. Para a primeira escolha, o ponto de partida é o olhar voltado para dentro, sintonizado no que a pessoa gosta e pretende abraçar, articulado ao olhar dirigido ao mundo das profissões e cursos de formação.

É melhor realizar uma escolha profissional utilizando-se de critérios focados no sujeito. Essa escolha deve guiar-se por aquilo que a pessoa é e aprecia. Em paralelo, a análise sobre o que a realidade oferece hoje – graduação, custo/benefício da formação, condições de ingresso nesse campo, oportunidades de trabalho, que devem ser ingredientes a serem agregados e ponderados.

Cada pessoa precisa escolher com autonomia e se responsabilizar pela própria escolha. A atribuição de sucesso e fracasso a cada profissão é uma ideia que afasta o sujeito das consequências do que faz.

> Cada pessoa precisa escolher com autonomia e se responsabilizar pela própria escolha.

3. Certeza

*Para se decidir a respeito de uma profissão,
é necessário ter certeza do que se quer*

Surpresa e incerteza ninguém recebe bem, principalmente se trouxerem consequências indesejadas.

Não há como ter certeza absoluta a respeito das coisas. A avaliação detalhada de cada hipótese pode minimizar os equívocos, mas há sempre algo que escapa, o imprevisto. Na vida, há muitos fatores imponderáveis.

Outro dia, ouvi esta frase: "não gosto de livro que só dá a entender e não fala direto". Essa afirmação sugere ansiedade relativa ao desconhecido e à incerteza. Quanto à escolha de uma profissão, a constância na preferência por um caminho dá sinais de que há chances de ser um caminho acertado, mas não fornece 100% de garantia de sucesso. Sempre pode ocorrer um fato novo que provoca um desarranjo com chance de ser desfavorável, embora possa também trazer benefício.

Henrique diz: "Sempre que aparece o desejo por uma profissão, aparece outra e mais outra, como se eu navegasse na internet, quando cada texto remete a outro e mais outro e mais outro".

A linguagem funciona desse jeito, uma infinidade de desdobramentos. Uma palavra remete a outra e mais outra. Mas o que fazer quando não é possível escolher, dada a errância do pensamento/desejo? Alguns jovens acreditam que a solução é conhecer profundamente cada uma das profissões. Pensam que, com isso, conseguirão ter certeza da profissão mais indicada. Conhecer bastante a respeito das profissões pode ser útil. Porém, mesmo esse levantamento de informações tem limite. Ficar somente adquirindo dados sem excluir alternativas é um jeito de não *bater o martelo*, seja porque a pessoa idealiza demais a profissão que pensa seguir desconsiderando os defeitos dela, seja porque teme correr o risco de não dar certo. Quem fica esperando as condições ideais para tomar uma decisão importante acaba não realizando.

É curiosa a forma como Marcos justifica suas indecisões quanto ao futuro profissional. Para ele, há profissões *glamourosas*, como o cinema, uma opção para ele, já que é contrarregra no grupo de teatro da escola. Além disso, aprecia engenharia porque tem facilidade com matemática, e medicina porque está vendo com satisfação os sistemas do metabolismo humano. O problema é que, no fundo, ele tem afinidade mesmo é por computador, por ciências da computação, sistemas de informação e engenharia da computação, "profissões muito sem graça", do seu ponto de vista.

Escolher uma profissão a partir das categorias com *glamour*/ sem *glamour*, respeitadas/mixurucas tem grande chance de trazer frustração, uma vez que são critérios apoiados em preconceitos e idealizações.

Certeza absoluta não é possível ter, mas a reflexão minimiza as surpresas.

> Quem fica esperando as condições ideais para tomar uma decisão importante acaba não realizando.

4. Desejo

A chave para o sucesso é a pessoa ser a melhor naquilo que faz

Os jovens, quando falam de suas expectativas futuras, dizem "se eu for o melhor na profissão, terei sucesso". Muitos acreditam nisso, mas será que é uma afirmação verdadeira?

Tal expectativa é complicada, porque nela se conta com a pessoa tendo condições de disputar as melhores colocações – como se isso dependesse unicamente dela! Será que está nas mãos do profissional ser o melhor no ramo? Claramente, não! Ser o melhor *chef* de cozinha ou ser um bom *chef* de cozinha? Ser o melhor jogador nessa ou naquela modalidade? Quem garante que os órgãos com suas regras aferidoras são legítimos e justos? Em vez disso, o profissional deve esforçar-se para evoluir, alcançando sempre melhores posições em comparação consigo mesmo. Nas Olimpíadas, as competições colocam cada atleta num *ranking* mundial; torcemos com e por eles, no entanto, mais do que medalhas, é rico acompanhar o progresso de cada atleta em comparação com os próprios

40   DESEJO

resultados. Nas Olimpíadas de 2016, uma nadadora perdeu o primeiro lugar porque deixou de apertar o botão certo na chegada. Atrapalhou-se na beirada da piscina de atletismo. Foi uma pena! Será que isso a torna menos boa nesse esporte? É importante ter a si mesmo como referência de evolução, reconhecendo as conquistas.

> O profissional deve esforçar-se para evoluir, alcançando sempre melhores posições em comparação consigo mesmo.

Empenho e desenvolvimento não importam quando o alvo é somente o resultado. Nem tampouco as pequenas conquistas relativas a cada passo dado.

Por isso, apostar em ser o melhor entre todos os profissionais da sua área está fadado ao fracasso; sempre haverá uns melhores e outros piores.

Claro que queremos ser bons no que fazemos, mas temos que ser justos com nossas conquistas e resultados, frutos dos nossos empenhos. Ora seremos bem-sucedidos, ora nem tanto. O importante é sempre tentar fazer o que for possível. A propósito desse assunto, Laís disse: "mas será que desse jeito não perderemos o estímulo?" Ora, e será que o estímulo externo por *rankings* é a maneira mais eficiente de chegarmos ao melhor de nós? Não! Atingimos o melhor de nós mesmos tendo disposição e motivação para experimentar e processar.

> Imagens de ser o melhor naquilo que faz são próprias de mentalidade imediatista; são focadas nos resultados e costumam desconsiderar o processo.

Um profissional de sucesso é aquele que impacta a vida das pessoas

É curioso pensar sobre o sucesso que as biografias fazem entre as pessoas e, em particular, entre jovens, principalmente quando se trata de uma celebridade que batalhou e conseguiu chegar em um lugar de destaque. Por exemplo, realizar um grande empreendimento ou ter descoberto uma ferramenta tecnológica, como um aplicativo, despertam curiosidade e admiração. Há duas possíveis crenças expressas nesse *frisson*: primeiro, a de que o sujeito chegou lá por uma grande inspiração pessoal, uma grande sacada; segundo, a convicção de que, se o protagonista conseguiu, todos podem conseguir também. Talvez a popularidade das biografias possa ser sintetizada assim: um caminho comum levando ao sucesso, lugar de poucos eleitos.

Aldo vem de família simples e se tornou modelo publicitário. Já temos aí uma primeira conquista fruto de casualidade: ter sido descoberto. Homens bonitos há em vários lugares, mas foi ele o escolhido. Aldo aspira a ser um publicitário famoso, que, do seu ponto de vista, "faz campanhas geniais e recebe rios de dinheiro". Conjectura criar algo impactante como "uma máquina que jorre Coca-cola, como num chuveiro, na praia, para os banhistas".

Cada um tem suas fantasias sobre ser bem-sucedido. Nara tem o grande ideal de ajudar as pessoas, empreender, convencer pessoas e inovar. Segundo ela, "não adianta ser rica sem impactar a vida dos outros. A ideia do legado, de fazer história é bem importante para mim, não quero ser esquecida com o tempo". Muita gente diz que ser bem-sucedida é "ter flexibilidade de horários, paixão pelo que faz, poder de inovação, honorários altos e um negócio próprio com muitos empregados". Lucas, por sua vez, é direto quanto ao seu ideal: ser "bem-sucedido é ser como Steve

Jobs que construiu seu negócio, a maior empresa do mundo, sem ter estudado".

É ilusão considerar que o respeito profissional depende da aprovação de grande número de pessoas, da fama com o público. Visibilidade é importante, sem dúvida, bem como a aceitação dos pares. Nessas falas, o que se quer é aparecer, performar: fazer parte do grupo *pop* e receber curtidas de admiração nas redes sociais. Na sociedade atual, há enorme necessidade de aparecer. Na lógica de aplicativos como Facebook, Twitter, Instagram etc., o que se busca é o olhar, o reconhecimento e aprovação do outro. Mas será que isso leva ao respeito profissional de fato? Tanta exposição não é condição para uma vida profissional consistente e sólida, nem leva ao reconhecimento verdadeiro.

Impactar um número cada vez maior de pessoas sensíveis a espetáculos pode fornecer fama, reconhecimento e dinheiro, contudo, não necessariamente nos torna melhores. Para isso, temos algumas fontes inspiradoras, nossos ideais. Uma vez ouvi Roberto Carlos, compositor e cantor muito famoso há décadas, confessando em uma entrevista de TV que seu grande desejo era ver uma música sua ser cantada por Chico Buarque, por quem tinha grande admiração.

As pessoas que são nossos ideais, nossas fontes inspiradoras, são aquelas nas quais buscamos nos espelhar, elas nos estimulam a ser melhores para sermos tão bons quanto elas. Contudo, quando os modelos são idealizados, tendem a ser admirados sem a devida crítica do seguidor. Ídolos também são pessoas humanas, com características admiráveis e aspectos questionáveis.

Além disso, os modelos, assim como as metas de cada um, precisam estar em patamares alcançáveis. Lembro-me de um rapaz que disse que seu ideal era ser capa da revista *Veja* aos 30 anos, algo com poucas chances de realização. Diferente do que algumas pessoas pensam, que os grandes ideais põem o sujeito em movimento, quando uma pessoa tem ideais grandiosos, tende a ficar sempre frustrada, pois, não importa o passo dado, estará sempre distante deles. Os modelos e as metas estimulam quando são passíveis de serem alcançados, mesmo que após cada conquista sejam colocados ainda um tanto mais longe do sujeito.

> Quando uma pessoa tem ideais grandiosos, tende a ficar sempre frustrada, pois, não importa o passo dado, estará sempre distante deles.

5. Interesses

Quando uma pessoa tem uma preferência por determinada disciplina escolar, está com meio caminho andado

Nem sempre! As preferências escolares são indicadores, mas não suficientes para seguir essa ou aquela profissão. Não é porque uma pessoa gosta de biologia que tem que fazer Medicina, ou porque gosta de cálculo deve fazer Engenharia.

Mostrar desde criança interesses focados em um determinado campo do saber pode livrar o jovem do conflito tão intenso sobre o que fazer quando "crescer". É o caso de João, que desde pequeno adorava resolver problemas matemáticos simples, brincar de lego, construir aeromodelos em madeira e fazer origami. Motivações indicativas para atividades lógicas, provavelmente ao lado de outras menos evidentes. João tornou-se um engenheiro bem identificado com seu trabalho, ainda que casos como o dele sejam menos frequentes.

46   INTERESSES

Embora grande parcela de alunos tenha interesses por diversas matérias escolares distribuídas entre todas as áreas (humanas, exatas ou biológicas), há também os que não gostam de nenhuma matéria do ensino médio. Se o jovem prefere várias disciplinas escolares, não fica fácil visualizar algumas profissões relacionadas a elas, justamente porque não se organizam sob um único campo de conhecimento delineado. O problema aumenta no caso de a pessoa envolver-se com atividades extracurriculares, engrossando o leque de interesses. Sabemos que algumas dessas atividades são praticadas como atividades de lazer: esportivas, artísticas ou tecnológicas. Aliás, a oferta ilimitada de informação pela internet tem alimentado alguns jovens vorazes por conhecimentos. Trata-se de moçada autodidata que realiza cursos online de física, saúde ou *design*, por exemplo, por meio de sites: Khan Academy ou edx.org.[1] Nesses casos, escolher um único ramo, mesmo que inicialmente, tem sido um sacrifício.

Para amadurecer a primeira escolha profissional, é importante pesquisar e elencar todas as atividades favoritas, independentemente de serem acadêmicas ou não. Levantar cada uma das matérias e *hobbies* preferidos, analisar o sentido que eles têm para a pessoa e circunscrevê-los em um exercício profissional podem ser os primeiros passos para pensar a profissão a seguir.

Júlio pratica vela desde cedo, assim como toda a sua família. Seus irmãos, inclusive, escolheram profissões com certa inspiração nessa atividade (meteorologia e educação física). Hoje em dia, no final do ensino médio, Júlio não está bem certo do estatuto que pretende dar a esse esporte, uma vez que, além da vela, adora ler, discutir e lidar com raciocínio lógico. Seguir uma profissão

---

1   Sites que oferecem informações e cursos para leigos e estudantes sobre diferentes campos do saber, das ciências às humanidades.

distante da vela o preocupa porque, entre outros fatores, faz com que se sinta desgarrado, afastado da família.

Muitas vezes, as preferências por determinada profissão podem estar identificadas a certos profissionais com os quais a pessoa se relacionou. São escolhas tingidas emocionalmente por experiências apoiadas na convivência com profissionais de dada área, ou são profissões associadas a essas pessoas. Essas experiências com os campos de trabalho, ou seus representantes, resultam em um condensado de traços de memória carregados afetivamente. É um mecanismo complexo, que, se analisado e esmiuçado, evita enganos e pode ser bastante frutífero.

Afirmações como "meu pai passou por um tratamento contra uma patologia e não resistiu; penso que possa fazer diferença se for médico" são um bom exemplo dessa situação. Ou seja, a pessoa apoia-se em experiências antigas e restaura a própria imagem de alguém impotente diante da doença e morte do pai pelo exercício da profissão.

Esse é o caso do conceito de *identificação*[2] utilizado na orientação profissional. Nesse âmbito, as identificações atuam como forma de superar um conflito ou uma contradição e também são inconscientes, uma vez que se dão a conhecer pelos seus efeitos, não pelo que as determina. Esse mecanismo explica alguns fenômenos presentes na forma como as pessoas escolhem sua profissão. E cabe ao processo de orientação ajudar a pessoa a separar os próprios desejos – mesmo que esses desejos estejam apoiados em identificações – das expectativas e demandas familiares.

---

2 Ler o conceito de identificação na página 22.

O que fazer se a pessoa nunca gostou de estudar?

O currículo da maioria das escolas de ensino médio é limitado a um conjunto de disciplinas distribuídas no conhecimento das áreas de humanas, exatas e biológicas. Alguns alunos têm preferência clara por certas disciplinas, restrita ou não a uma área de conhecimento, e esse é um dos fatores a serem considerados na escolha profissional. Entretanto, a clareza quanto à preferência por determinada disciplina escolar não é condição suficiente para realizar uma escolha profissional pensada. Outros fatores devem ser ponderados, além das preferências por essa ou aquela matéria escolar. O conjunto dos interesses é detectado pelo desempenho em atividades extracurriculares, e estas também devem ser analisadas com cuidado. Pode ser um detalhe, um gosto ou preferência que normalmente passam desapercebidos, como apreciar arrumar o armário, montar quebra-cabeças ou editar música. Outro dia, atendi um rapaz que, na sua apresentação, falou não gostar de nada da escola, pelo contrário, sempre fora péssimo estudante, e que também não tinha preferência por nada além de sair com amigos para baladas. Em meio à conversa em grupo, contou *en passant* que adorava sites como o Doityourself.com,[3] mostrando, com satisfação, algumas coisas que fazia com esse programa. Há muitos alunos que, independentemente de serem bons, medianos ou maus alunos, fazem o ensino médio sem afinidade especial por qualquer disciplina oferecida a ele. Outros até não gostam das matérias e sentem-se aflitos porque parece que não vão encontrar uma profissão que agrade.

Sempre haverá uma profissão na qual a pessoa poderá atuar com satisfação. As profissões mais convencionais podem não despertar interesse, e, quando o jovem entra em contato direto com

---

3 Site que ensina como fazer todo tipo de utensílio doméstico, pequenos circuitos e experimentos.

a variedade das outras profissões existentes, se surpreende com o que desconhecia. Um curso técnico ou tecnológico que seja breve e focado em sua aplicabilidade pode ser uma solução para os mais pragmáticos e traumatizados com o ensino formal.

> Sempre haverá uma profissão na qual a pessoa poderá atuar com satisfação.

Há quem considere que as profissões predominantemente manuais, obtidas ou não por meio de cursos técnicos, sejam desvalorizadas. Mas não é isso que ocorre! Um bom marceneiro ou mecânico não só tem prestígio como pode obter bons rendimentos. Entender o valor de uma formação técnica ou tecnológica requer modificar conceitos, entre eles, o de que somente uma faculdade oferece a titulação necessária para uma vida profissional próspera. É importante continuar estudando para atualizar-se. O título universitário é valioso desde que seja em uma área que faça sentido à pessoa.

Que características privilegiar na escolha profissional?

Certas características têm relevância na orientação profissional. Podemos dividi-las em interesses e habilidades. Um interesse motiva a pessoa a buscar conhecimentos, aprofundar-se e atualizar-se, move e desafia a pessoa. Já uma habilidade é uma facilidade e acompanha a pessoa aonde quer que ela vá. Vejamos: uma pessoa persuasiva que tenta convencer outras por ideias ou opiniões tenderá a ser um líder, aglutinando gente em volta de si, dentro e fora de sua profissão. Ou mesmo uma pessoa que tenha habilidade com as exatas vai lidar bem com números em qualquer trabalho, independentemente da profissão exercida. Foi o caso do Fernando, que escolheu cursar jornalismo mesmo sendo exímio estudante em ciências exatas. Lembro de sua justificativa: "Não vejo nenhum desafio em realizar cálculos, no entanto, adoro produzir textos". Após a graduação, entrou na grande imprensa no setor de economia.

Em um delicioso livro de Alvarez sobre a escrita, *A voz do escritor*, o autor descreve o jeito como Henry James se perdia em detalhes na vida real e como essa característica passou a ser um recurso narrativo importante na construção dos seus romances. As características pessoais tão presentes na vida de cada pessoa também estão no seu exercício profissional.

Para a primeira escolha ser consistente, a pessoa precisa verter o olhar para dentro de si, a fim de levantar os vários aspectos de sua personalidade e de suas aspirações, e também mirar a realidade, reconhecer o que ela oferece como possibilidade ou impedimento. Porém, após esse levantamento, necessariamente a pessoa terá que priorizar alguns aspectos, pessoais ou conjunturais. Não é possível reunir todos os aspectos pessoais (interesses, habilidades, circunstâncias favoráveis etc.) em uma única profissão, mesmo que se tentasse fazer certo número delas simultaneamente. Urge deixar algumas coisas de lado. *Esses aspectos preteridos não vão para o lixo*, mas serão guardados e retomados ao longo da vida profissional do sujeito que escolhe, mesmo que em forma derivada ou desdobrada. Além disso, dada sua plasticidade, a vida oferece oportunidades e impõe dissabores que invariavelmente produzem alterações na rota profissional.

A carreira é a linha profissional construída durante um período largo de algumas décadas. É na visada em retrospectiva, com certo tempo de experiência acumulada, que se tem a noção do traçado de uma carreira, sua visão de conjunto. Esse esclarecimento costuma aliviar jovens e familiares, pois reduz o caráter determinista da escolha em idade tão precoce. Também aqueles adultos que buscam ajuda para fazer sua reescolha profissional beneficiam-se ao analisar o fio condutor que os levou até onde chegaram e os passos seguintes a tomar.

> A carreira é a linha profissional construída durante um período largo de algumas décadas.

A essa linha que todo profissional constrói ao longo da vida dá-se o nome de identidade profissional. Algumas características desse processo de construção podem ser sintetizadas: "ser contínuo, passível de revisão e de constantes ressignificações, definindo-se, essencialmente, pelo tipo de compromisso, de ideal e de meta com os quais o profissional vincula-se e identifica-se".[4]

Será que minha escolha está influenciada pelos outros?

Muitas vezes as pessoas sofrem influência do grupo familiar. Isso é inevitável. O problema está em não se dar conta dessa influência, correndo o risco de ter essa consciência quando o caminho já foi bastante percorrido. Como já apresentei na seção "O que são identificações?" do Capítulo 1, a identificação é um conceito cunhado por Freud para explicar o mecanismo inconsciente de assimilar aspectos de entes queridos nos processos de crescimento, separação ou morte. Somos um punhado de identificações/influências. Esse mecanismo inconsciente está presente no momento da primeira escolha profissional porque ela ocorre no período da

---

4 Valore (2010, p. 65).

adolescência, quando a diferenciação dos pais está em andamento. Além das influências familiares, professores, chefes profissionais, espirituais e gurus compõem os ideais da pessoa e norteiam os valores, convicções, preferências e estilos de vida.

O caso de Lígia nos mostra a força das influências familiares. A jovem estava segura sobre sua opção por Medicina após a orientação profissional, ao final do ano letivo. Na entrevista devolutiva com os pais e a filha, ocorrida após as férias com os amigos, ela disse que vinha ponderando se não seria o caso de ser advogada, porque conversou com uma promotora, mãe de uma amiga. Nessa ocasião, o pai de Lígia também questionava sua escolha pela medicina, lembrando-a de seus valores de constituir família, da sua baixa tolerância em lidar com a dor e o sofrimento, além da disciplina necessária para o estudo de medicina. A menina respondia que precisava de tempo para amadurecer a ideia, entretanto, sempre foi boa aluna e continuaria sendo. De um lado, o pai sugeria sua própria profissão, área ligada às ciências exatas, ressaltando o raciocínio lógico da filha. De outro, a mãe dizia que tampouco a via como médica, mas atuando na mesma profissão que ela, ligada à área jurídica. "Você sempre foi justiceira, líder e determinada." As características apontadas por ambos os pais poderiam estar presentes na vida de qualquer profissional, até mesmo na de um médico.

Muitas características e valores são assimilados dos pais e das pessoas significativas, e, em certos casos, as influências familiares ocorrem de maneira direta, sob a forma de buscar profissões semelhantes às deles.

No exemplo acima, a lógica, a liderança e o espírito justiceiro são possivelmente aspectos assimilados dos pais que serão processados pela jovem e materializados em diferentes profissões. No decorrer da entrevista, a moça declarou sentir-se pressionada pela escola e pelos pais, ao que estes se defenderam: "nós só queremos ver consistência na sua decisão. Se é Medicina, tem que ser coerente e começar a estudar desde já". Mesmo sendo uma das primeiras alunas de um colégio forte, os pais pareciam apreensivos com o risco de ela e da família frustrarem-se com um projeto desse porte. No entanto, para a estudante, a opção pela Medicina não lhe causava grande angústia, ao contrário da dor que dizia sentir com o término do ensino médio. Por isso, pediu um tempo para se acostumar com a ideia de finalizar essa etapa acadêmica.

Somos formados por um conjunto de influências: familiares, dos grupos a que pertencemos, do momento histórico e do lugar onde vivemos. Mas cada pessoa assimila as influências de um jeito singular. Nada garante que cada aspecto tome o mesmo caminho daquele tomado pela fonte de onde se inspirou. Um pai político pode ter um filho que se identifica intensamente com ele, se preocupe com assuntos da sociedade e plante produtos orgânicos. A composição dos aspectos assimilados é complexa e particular a cada indivíduo.

A primeira fase da orientação profissional busca ampliar o conhecimento da pessoa sobre si. Trata-se de um processo complexo de análise dos diferentes níveis, cada vez mais profundos, da dinâmica psíquica do sujeito. Isso porque grande parte das características pessoais, como interesses, habilidades e valores, desenvolvem-se a partir dos vínculos e das experiências que o indivíduo realiza com as outras pessoas ao longo da vida.

> Grande parte das características pessoais, como interesses, habilidades e valores, desenvolvem-se a partir dos vínculos e das experiências que o indivíduo realiza com as outras pessoas ao longo da vida.

A afinidade com (ou o interesse por) dada área de conhecimento se dá de maneira singular para cada indivíduo, é multifatorial. O interesse depende do conjunto de significados e afetos que cada profissão tem para certa pessoa, e pode estar relacionado ao contato que ela teve com a área em uma ou em várias situações especiais da vida. Processar as experiências e dar sentido a elas pode converter-se na base de um determinado interesse. O interesse é "a disponibilidade para ser motivado por uma área da realidade de modo discriminativo em relação a outras".[5]

---

5 Bohoslavsky (1977, p. 30).

6. Tempo

Não vejo meu filho indo atrás dos seus objetivos

Muitos pais me perguntam sobre a garantia do programa de orientação profissional. A mãe de Tiago questiona sua decisão pelo curso de Direito: "Ele diz que quer fazer Direito, mas não tem a proatividade para tanto. Quero que ele se comprometa com o que está pensando fazer". Ou, conforme a queixa de Pedro: "meu pai não acredita que eu queira fazer Arquitetura porque não me vê interessado no seu trabalho, de área próxima".

Escolher uma profissão requer processamento. Alguns não precisam de orientação profissional e elaboram sua escolha e decisão sozinhos. Outros precisam de um acompanhamento que oriente sua reflexão. Não há um tempo preciso de decisão, há o tempo que cada pessoa necessita.

Numa perspectiva mais ampla, há três momentos no processo de amadurecimento na escolha profissional: de *seleção*, de *escolha* e de *decisão*. Superar a etapa de *seleção* demanda fazer uso do recurso interno de discriminar o eu e o outro. No primeiro encontro de orientação profissional, o jovem mostra o tipo de vínculo que estabelece com o objeto carreira. Por exemplo: uma jovem diz, na primeira entrevista, que desde os 5 anos tem um acordo com os primos para montarem uma clínica veterinária, vindo daí sua preferência por seguir essa profissão. Além do pacto, acha os animais fiéis companheiros. "Até mesmo os mais ferozes, como cachorros bravos, recebem meu carinho com docilidade", diz ela. Nota-se nessa jovem lealdade com os primos autores do pacto que se mantém a despeito da passagem do tempo; dificuldade em perceber a natureza dos animais, conferindo a eles sentimentos e atributos humanos, e onipotência, na medida em que se sente dotada de poderes extraordinários de comunicação com os bichos.

> Há três momentos no processo de amadurecimento na escolha profissional: de *seleção*, de *escolha* e de *decisão*.

No momento da *escolha*, o recurso interno necessário é a capacidade de estabelecer relações satisfatórias e relativamente estáveis com os outros e as profissões. Quando o jovem não gosta de nenhuma profissão em especial, ou de todas ao mesmo tempo, é sinal de que falta ligação especial com as profissões. Por exemplo: Raul fez um semestre de Engenharia de Produção inspirado no caminho trilhado por um tio muito bem-sucedido e teve enorme dificuldade em quase todas as disciplinas, o que o levou a desistir do curso. Está atrás de alguma coisa de que goste, condição *sine qua non*, segundo ele, para obter bons resultados nos estudos.

Muitas pessoas acreditam que gostar de uma profissão seja a condição necessária e suficiente para se levar adiante um projeto nesse ramo de atividade. Nós sabemos que não é, e que a consciência das próprias capacidades, sejam boas ou insuficientes, às vezes causa sofrimento. Enquanto meu paciente insiste que nenhuma profissão lhe chama a atenção efetivamente e que, se descobrisse seu gosto, sairia do impasse de não saber qual profissão seguir, cita *en passant* que adora educação física, mas de seu ponto de vista "é uma carreira que não leva a nada".

O terceiro momento, o da *decisão*, tem relação com a capacidade de espera e planejamento do futuro. Essa é a etapa na qual se encontra Kathia, que pretende ser advogada, embora deteste estudar, mas tem pressa de entrar no mercado de trabalho para alcançar independência financeira dos pais. Esses fatores levam-na a ponderar outras possibilidades de profissão.

A opção por um campo do conhecimento costuma acontecer após um período no qual o jovem potencialmente pode fazer tudo, em que ele vive todas as possibilidades. Para escolher, o jovem precisa concluir a etapa na qual é permeável a todas as sugestões da família e dos amigos, e procurar estabelecer prioridade entre as profissões preferidas. Com isso, está próximo de decidir com autonomia e responsabilidade pelo próprio projeto profissional. A decisão madura por certa área é resultado da clareza quanto ao sentido que aquele campo de conhecimento tem para a pessoa, bem como da consciência dos passos necessários para se chegar lá. Vencer esses estados demanda tempo. Aliás, tudo que é humano precisa de tempo!

A despeito do enorme apelo que o mundo exterior exerce sobre nós, a introspecção e o contato consigo mesmo ainda são fundamentais para que uma escolha autêntica possa ser elaborada.

Decidir-se quanto à profissão requer amadurecimento, tempo de espera, tempo de deslindar tudo o que está envolvido nessa fase da vida. Maíra já havia se decidido por uma profissão no 2º ano do ensino médio. Procurou-me, no ano seguinte, a fim de repensar sua escolha. Poucas conversas foram suficientes para confirmar a decisão que fizera um ano antes e iluminar outro problema, já que seu sofrimento era de outra natureza: estava muito triste com o encerramento do ensino médio, temia enfrentar um novo método de ensino e novos colegas. Maíra fez um percurso por diferentes escolas pelas cidades para onde seu pai era transferido a trabalho. Nas diferentes cidades, os pais procuravam manter a filha em escolas da mesma linha pedagógica, a fim de minimizar o estranhamento em cada uma. Até que chegou a São Paulo, cidade onde viveu anos muito bons na atual escola, tendo sido acolhida nas questões pedagógicas, na adaptação ao novo grupo e, sobretudo, onde sofreu a morte do pai, que adoecera dois anos antes. Portanto, sofria com essas despedidas; a escola estava associada à memória e sentimentos relativos ao pai.

Alguns pais se afligem com a maneira com que os jovens processam suas escolhas envolvidos/descomprometidos, assertivos/iludidos ou inseguros/confiantes. Estes podem não estar bem certos quanto à escolha profissional, uma vez que vários elementos de ordem pessoal e social estão envolvidos na tomada de decisão. Não adianta se afobar. O amadurecimento requer tempo de reflexão.

A despeito do enorme apelo que o mundo exterior exerce sobre nós, a introspecção e o contato consigo mesmo ainda são fundamentais para que uma escolha autêntica possa ser elaborada.

Preciso gostar muito da profissão para me envolver com o curso

Há uma charada popular que diz: o que vem primeiro, descobrir o que gosto ou gostar do que escolhi? As duas coisas são importantes. Descobrir o que se gosta, naturalmente, é fundamental.

Isso é um desafio e depende de vários fatores conscientes e inconscientes. Mas se manter em um projeto também impõe dificuldades. É necessário inventar continuamente a motivação para se segurar uma empreitada, mesmo quando a escolha foi deliberada. Tudo na vida requer insistência.

Por exemplo, para ler um livro, é necessário paciência e disciplina, porque essa atividade demanda certa espera para ocorrer o envolvimento com a leitura. É necessário tempo para o mergulho no tema, na linguagem do autor, no cenário desenhado, nos personagens e na trama. A familiaridade com um objeto de estudo se dá aos poucos. A pressa e impaciência impedem a apreensão do texto. Claro que, dependendo do treino que o leitor tem com leitura, faz isso com maior ou menor agilidade. Com o avanço do texto, seja um romance ou um texto científico, o leitor experiente compreende melhor o que está lendo, faz conexões com sua prática e seus conhecimentos. Uma jovem disse outro dia: "não gosto de livros que não vão direto ao ponto". É uma pena esperar isso de um texto, pois ler exige atenção e implica a capacidade de perder os sentidos, ou melhor, de levitar e se deixar conectar com a linha narrativa, um exercício de caminhar no escuro para ver onde vai dar. É importante tal conexão para aproveitar da leitura. Estudar é ler, observar e praticar. Fundamentalmente, envolver-se. Isso não ocorre da noite para o dia.

Muitos dizem que esperam que sua profissão os cative. Esperam ter motivação para acordar cedo e sentir prazer nas suas atividades laborais. Ocorre que os motivos que fazem uma pessoa envolver-se com algo são absolutamente diversos, um emaranhado no qual cada fio/alternativa remete a aspectos evidentes, de um lado, e a outros misteriosos e inconscientes, de outro.

Com frequência, ouço queixas de que a profissão escolhida perdeu o encanto, deixou de ser do agrado, começou a apresentar problemas. Podemos pensar que isso acontece com quase todas as escolhas, uma sucessão de prazeres e desconfortos.

Posso fazer qualquer atividade, desde que não seja obrigada

Às vezes, o adolescente quer se assegurar de que está optando por determinada profissão com independência e liberdade. Há diferença entre escolher com liberdade e escolher com autonomia. Dificilmente as escolhas são independentes de motivações afetivas, livres de influências de pessoas próximas e do grupo social a que pertence. Escolher com autonomia é considerar esse conjunto de impactos e optar com responsabilidade. Nunca se é independente por completo, mas a autonomia pode ser conquistada.

Adele fala que adora aprender, é curiosa, autodidata e pesquisa sobre assuntos de interesses variados. Detesta ser obrigada a ler um livro, ou fazer uma pesquisa para obter nota – "isso é uma imposição", diz ela. Nessas condições, executa com má vontade as tarefas exigidas. Acontece que "faço, desde que não seja obrigada" também segue um imperativo, nesse caso, o da negação daquilo que está sendo pedido. Como a criança pequena que em uma fase da vida orienta-se pelo não, seu norte é opor-se àquilo que lhe é imposto ou mesmo sugerido.

Parece que a relação dessa moça com seus mestres é conturbada ou, mais precisamente, persecutória. Talvez custe a ela admitir que os mestres possam saber mais do que ela. Às vezes, essa relação em níveis diferentes de conhecimento provoca inveja naquele que aprende. Adele fica incomodada com o saber do outro e recusa o que possa vir dele. Aprender com alguém requer admitir que o outro sabe não tudo, mas algumas coisas. A condição de aprendiz tem lá seus benefícios. Costuma ser berçário para os profissionais, licença para experimentos que podem dar em acertos ou erros. Aprende-se muito nessa fase da vida, enquanto se é calouro, mas é necessário ter abertura! Durante a vida toda se é aprendiz, pois sempre há quem sabe mais e quem sabe menos.

Um outro aspecto é pensar nas avaliações. Não há curso técnico, tecnológico ou de graduação sério que não cobre desempenho do aluno desde o seu começo, por meio de uma avaliação. Pode ser por meio do vestibular, que, por mais que cause estresse e injustiças, tem aspectos positivos. É uma prova que seleciona os alunos mais dedicados e estudiosos com vistas a criar turmas mais aplicadas e focadas. Insisto que nem todos os jovens têm oportunidades iguais de se aplicar e considero que as medidas de minimização de certas injustiças são válidas. Mas estou falando de dedicação, e isso pode ser aferido pelos vestibulares.

Ao longo da formação, haverá cobrança de leitura e haverá avaliação do aproveitamento por meio de provas ou de trabalhos. Os estágios são os trabalhos desses começos de vida profissional e significam trabalho em caráter de exercício, para adquirir experiência sob orientação.

Quando se escolhe uma graduação, com certeza haverá matérias desinteressantes, mal dadas, com professores fracos ou injustos, mas é o preço a pagar. Nesses casos, não há problema em estudar uma ou outra matéria pouco apreciada se o objetivo é concluir a faculdade que se quer. A grade curricular de cada curso tem um sentido nem sempre explícito, é uma convenção que compõe os alicerces daquela área de conhecimento. Ao longo da formação, não se lê só o que dá satisfação, nem se faz somente o que dá prazer, da mesma forma que nem todos os professores agradam ao conjunto dos alunos.

Na vida profissional, estamos sempre nos reportando a alguém, a um outro. Todo trabalho pode trazer realização pessoal por vários motivos, como dinheiro, relevância social, fama ou poder, mas necessariamente é dirigido a alguém. Mesmo o trabalho mais introspectivo precisa do outro que o aprecie, não necessariamente como um objeto de consumo. Um artista plástico pode realizar sua obra de maneira solitária e introspectiva, todavia, se quiser viver por meio de sua arte, precisa submeter-se às regras e prazos de uma galeria, de um edital de premiação, e também se apresentar nos lugares públicos onde se realizam as negociações. Não quer dizer que os profissionais precisem agir contra sua ética, mas devem considerar que não vivem sozinhos.

Eu quero é ser feliz

Muitos filósofos falam da felicidade, uns a enaltecem, outros são céticos com relação a ela. Quem melhor fala dela são os artistas. Quantas músicas e poesias expressam esse estado de humor associado ao amor, à amizade, à alegria de viver! Espera-se esse mesmo bem-estar da realização de um trabalho.

"Meu filho pode escolher qualquer coisa, desde que seja feliz", dizem os pais. Ou ainda: "Eu quero é ser feliz", dizem os jovens. Essas frases referem-se às expectativas quanto ao futuro.

Talvez esse seja o grande objetivo de todos que buscam orientar-se profissionalmente. Mas vale uma reflexão: o que é mesmo a felicidade? Ganhar dinheiro para adquirir bens de consumo; poder para ter ascensão sobre muita gente; ser querido e rodeado de amigos; ou obter o respeito dos familiares?

O homem está eternamente aspirando a algo. Ele deseja, alcança a realização desse desejo, e pronto, surge outra necessidade.

Faz parte da condição humana. Não há profissão que prometa a felicidade. Não há profissão que seja tão somente uma sucessão de prazeres.

> A felicidade é um estado de espírito, quase sempre fugaz e passageiro. Não há profissão que prometa a felicidade. Não há profissão que seja tão somente uma sucessão de prazeres.

Por que será que o ser humano fica atônito atrás da felicidade? As drogas lícitas ou ilícitas proporcionam prazer e instantes de felicidade. As mídias sociais são palcos ideais para se eternizar a felicidade. Cada publicação vende para os pares a tão propalada felicidade obtida pela conquista de um bem de consumo, beleza, relacionamentos perfeitos e viagens fabulosas.

Uma série atual de ficção, *Black Mirror*, retrata o futuro tecnológico próximo. Ela explora esse aspecto da vida humana. Foca a busca incessante pela fruição do prazer presente na sociedade, muitas vezes indiferente ao outro. A busca desesperada pelo prazer compromete a empatia porque, muitas vezes, o outro é obstáculo ao prazer do sujeito. A pessoa escravizada pelo prazer imediato, pela pura diversão e fruição de satisfação infantiliza-se e perde sua capacidade de reflexão e análise.

Bruno disse: "Quero um trabalho divertido, sem esse ingrediente eu não o faria", aliás, essa condição aparece com certa frequência. Ser divertido remete a algo que surpreenda, ou que traga alegria, prazer intenso. Aqueles jovens mais críticos justificam essa ideia quando dizem que *buscam algo que desafie*.

Vamos então à dimensão *divertida* do trabalho. Mas, antes de tudo, vale pensar em certas ideias sobre o papel do brincar na construção do psiquismo. O *brincar* iniciado nas primeiras experiências infantis tem raízes na relação do bebê com a pessoa

64   TEMPO

cuidadora, normalmente a mãe que amamenta. Nesse período inicial, o bebê, junto do saciar a fome, vive experiências de prazer corporal. O que inicialmente é simples satisfação da fome proporciona um acréscimo de prazer. Em outras palavras, ao lado da satisfação da fome, há a satisfação com o brincar que envolve o contato com o próprio corpo e com o corpo das pessoas cuidadoras. Passado certo tempo, o prazer amplia-se para a manipulação de alguns objetos usados como brinquedos que proporcionam conforto ao bebê, em geral objetos macios e com um cheiro singular. É o caso, por exemplo, do cobertorzinho do Linus, personagem de história em quadrinhos. Esses objetos têm grande significado para a criança e funcionam como companheiro no dia a dia. O brincar é de suma importância para a estruturação da individualidade, da noção de *eu separado do adulto cuidador*. Em outras palavras, o brincar é responsável pela percepção futura do eu/não eu da criança. O objeto de estima da infância perde a importância e o significado para a criança quando ela se volta para outros objetos do mundo. Entretanto, as pessoas nunca perdem completamente o contato com o fenômeno dos prazeres da infância. Muitas das atividades com forte significado para o humano têm suas raízes nessas experiências precoces. A ligação da criança pequena com seus objetos escolhidos são a base do brincar individual que evolui para o brincar coletivo. Este, por sua vez, resulta nas experiências culturais. É justamente nessa zona limítrofe dentro/fora do indivíduo que podemos situar todas as vivências da criatividade, da espiritualidade e da engenhosidade próprias das produções culturais, da religião e do trabalho criativo, respectivamente.

Johan Huizinga, filósofo holandês da virada do século XIX para o XX, já atribuía ao homem um impulso para brincar, e falava inclusive em *homo ludens*.[1] Ao longo da história humana e da vida

---

1   Huizinga (1993).

de cada indivíduo, desde a infância até a idade adulta, ele reconhecia um impulso ao jogo. Observou crianças brincando e enumerou certas peculiaridades, como: ser uma atividade séria e divertida ao mesmo tempo; ser exercida com liberdade; ter orientação própria com começo, meio e fim; exigir certa ordem, pois contempla um conjunto de regras; apresentar ritmo e harmonia (tensão e solução) e ter uma realidade autônoma. Dizia ele que, por meio das atividades lúdicas, o pequeno indivíduo aprende a se organizar em sociedade e a se pautar pela ética. O autor partiu, então, da brincadeira das crianças e reconheceu o mesmo caráter lúdico por trás de várias atividades dos adultos, como as produções culturais, as competições esportivas, a linguagem, a busca pelo conhecimento e o exercício do trabalho criativo.

> Partindo-se da brincadeira das crianças, reconhece-se o mesmo caráter lúdico por trás de várias atividades dos adultos, como as produções culturais e o exercício do trabalho criativo.

Retomando então a condição do meu cliente, de que o trabalho tem que ser divertido, ele está certo desde que remeta aos dois prazeres: àquele imediato, ligado a um modelo infantil de funcionamento, e um mais maduro, regido por dados da realidade do mundo adulto, em que o prazer é resultado de investimento e espera.

Temos então que o prazer está presente na vida do ser humano desde seu nascimento. A felicidade é uma das maneiras de expressão do prazer. Esse estado só pode ser alcançado se alternado com o desprazer.

O desestímulo é sinal de que o caminho está errado?

Quando o jovem não enxerga logo à frente a profissão escolhida é hora de abandonar o projeto? Nem sempre, porque se a escolha foi bem pensada é importante esperar um pouco antes de tomar uma decisão radical.

Taís diz que está desanimada porque não tem interesse em parte das matérias que cursa na graduação que escolheu.

> *Para que estudar tecnologia se não vou usá-la na minha prática? Além do que, a tecnologia é mal dada, os professores dão aulas entediantes, para que tenho que saber sobre tinta, esquadrias e janelas...? O trabalho de história da arte demanda muito tempo para ser feito e acaba sendo avaliado por um professor medíocre. Gosto de fazer os trabalhos, mas, quando comparo o resultado com o de um veterano, desanimo porque o meu fica muito atrás.*

Taís está no início da graduação e tem vários dilemas sobre o currículo, a qualidade dos professores e, mais do que tudo, insegurança de que vai se tornar uma boa profissional. Diante desses conflitos, suspeita de que falta o gostar da profissão. Esse, sem dúvida, é um ingrediente importante, mas a falta de motivação e, mais ainda, o gostar da profissão costumam ser justificativas para toda interrupção de projeto. Ocorre que o *gostar de* é sempre povoado de contradições. O ser humano quer e não quer uma empreitada, ao mesmo tempo. Todo gostar de uma profissão, assim como de um parceiro, é assegurado quando tudo corre bem. Já diante dos problemas a afinidade é questionada sobre sua consistência. Ninguém conta com o pedágio, com o preço a pagar pelas escolhas.

> Ninguém conta com o pedágio, com o preço a pagar pelas escolhas. Diante dos problemas a afinidade é questionada, e quando tudo corre bem não questionamos as escolhas.

As atividades extracurriculares, como a academia de ginástica, quando abandonadas, provocam prejuízos econômicos. O mesmo ocorre quando o jovem se inscreve em aulas de idiomas ou de música e não prossegue. Mas são investimentos menores do que em uma graduação.

Largar uma faculdade faz sentido se a escolha foi impensada/impulsiva. Nesse caso, o projeto precisa ser abortado mesmo. Porém, o aluno pode ter escolhido adequadamente e o que falta é compromisso e tolerância por parte dele.

Ouço com frequência pais, muitas vezes bem-intencionados, dizendo: "meu filho pode abandonar o curso quantas vezes quiser". Acham que com isso estão favorecendo que o filho encontre um curso ou um projeto ideal. Se é uma interrupção tão sem consequências, o que motivaria uma pessoa a se manter num investimento até sua conclusão? Abandonar uma graduação provoca sofrimento no interessado e nos pais, por isso, deve ocorrer com parcimônia.

Guilherme pondera sua opção por Engenharia, mesmo gostando do curso. Teve que estudar muito para ser aprovado no vestibular para a escola de sua preferência. Apesar da conquista, lamenta sobre o quanto pagar por sua escolha: "meus amigos já estão na balada enquanto eu tenho que concluir minha tarefa da faculdade. Não seria o caso de escolher um caminho menos difícil?". O que fazer?

7. Renúncia

O que fazer quando se quer tudo?

José quer estudar e incomoda-se com o barulho presente em todo lugar. De qual barulho ele se queixa, é difícil saber. Há uma ordem de barulhos externos naturais de uma cidade grande. Mas pode também se referir ao barulho que os jovens da atualidade têm que administrar. Os jovens querem fazer várias coisas ao mesmo tempo: falar no celular, estudar e ouvir música, apesar da agenda lotada de compromissos curriculares e extracurriculares.

A atualidade é regida pelo tempo acelerado. A isso atribuem-se vários fatores, entre eles a globalização e o desenvolvimento das tecnologias de comunicação. Em que pese os benefícios trazidos pela globalização e o desenvolvimento das tecnologias – somente a título de exemplo, abertura das fronteiras para novos mercados, oportunidades de trabalho e universalização do conhecimento –, as pessoas não seguem o mesmo ritmo no processamento de tanta informação. Toda essa evolução e excesso não veio acompanhada de desenvolvimento mental/instrumental. Há apreensão superficial de informações sem o tempo de aprender, repetir e aprofundar.

Há um jogo na orientação profissional, o leilão de valores no qual se vendem alguns atributos. Os participantes colocam preço para adquirir cada atributo. Leva o atributo quem pagar mais. São leiloados itens como a realização pessoal, a estabilidade financeira, a relação com amigos, justiça, bem-estar moral, a concentração, e daí por diante. A concentração, entendida como a capacidade de mergulhar em um tema saboreando-o, é um dos aspectos bastante disputado.

Além do barulho próprio dos nossos tempos, não há como deixar de lado outro tipo de barulho presente na fase da juventude que envolve o mundo das relações afetivas causado pelos desejos, urgência de realizações e impedimentos para atingir os ideais.

Escolher uma profissão provoca turbulência nos jovens e nos familiares. Pede posicionamentos, definições, arrasta a pessoa para outro patamar de vida, o que causa vertigem. Cheio de idas e vindas com relação ao que se deseja privilegiar.

A adolescência impõe muitas perdas, entendidas como a urgência de abrir mão de aspectos infantis para ceder lugar a posições mais amadurecidas. Abrir mão significa renúncia. Renuncia-se a vantagens que se tem na meninice em benefício de conquistas próprias dos adultos. Esses processos de saída da infância para a fase adulta provocam tristeza, pois é preciso admitir que já não se é tudo para os pais, nem para si mesmo. Essa fase impõe ao jovem a necessidade de reformular a imagem onipotente de si, daquele que pode ser e fazer tudo, com todo o tempo do mundo e seguindo modelos idealizados. Enquanto os modelos forem colocados nas alturas, haverá grande desnível para a pessoa, que possivelmente se sentirá situada numa posição muito inferior.

Crescer impõe o processo de tornar-se um indivíduo. Indivíduo quer dizer aquele que não é dividido, é a menor parte, um núcleo. Crescer implica diferenciar-se dos pais e do grupo de pares. Esse processo pode trazer sofrimento em todos, é difícil reconhecer-se como diferente do grupo e é difícil também para o grupo admitir que seus componentes têm semelhanças e atributos pessoais.

> Crescer implica diferenciar-se dos pais e do grupo de pares.

As separações provocam dores que devem ser elaboradas para que a pessoa ganhe autonomia e responsabilidade no exercício de sua profissão. Algumas perdas no processo de escolher uma profissão são:

• A perda de algumas crenças a respeito de si, entre elas o sentimento que pode expressar a *ânsia de se completar* por meio do exercício profissional. Por exemplo: Daniel, em seu oitavo vestibular para Medicina, acredita que vale a pena continuar tentando porque, quando for aprovado, será efetivamente feliz e restaurado de um ensino médio problemático em escolas muito fracas.

• A perda da onipotência infantil. Quando não ocorre essa elaboração, o jovem pode planejar ter uma carreira plural, pois fantasia ser capaz de fazer tudo. É o caso de Carla, que reluta em abrir mão do projeto de ser ao mesmo tempo médica, advogada e profissional de Letras. Segundo ela, seria fácil conciliar Letras com qualquer uma das outras, porque poderia cursar essa faculdade à noite.

• A compreensão de que o corpo não será sempre jovem. A fantasia de "eterna juventude" pode levar à escolha de certas carreiras. Alberto é um rapaz de tipo atlético e, com esse preparo físico, acredita ter condições de atender ao desejo de ser policial. Acrescenta que "adora armas e gostaria de acabar com os bandidos".

Entretanto, teme que essa escolha possa ser arriscada. A escolha por essa profissão requer que Alberto reformule a imagem onipotente que tem de seu corpo e, naturalmente, que ele reflita sobre o potencial agressivo subliminar envolvido nesse projeto.

- A dor pelas afinidades paternas deixadas de lado. Por exemplo, com a orientação profissional, Marília chegou ao dilema de cursar Direito, porque adora defender as pessoas, embora deteste essa grade curricular, ou, de outro lado, cursar Design, currículo do seu agrado porque sempre foi ligada às artes. Tem grande admiração e amor por seu pai, um homem que fez graduação no ramo artístico e que lamenta a opção feita na juventude. Hoje, ele é um empresário bem-sucedido em *marketing*. Pai e mãe fazem muito gosto que a filha seja advogada. Na última entrevista, Marília sofreu por comunicar ao pai sua preferência por Design e provocar nele e na mãe tal decepção.

- A tristeza pela passagem do tempo e a necessidade de trabalhar. Por exemplo, Jonas fez graduação em faculdades diferentes, mestrado em uma área, doutorado em outra e pós-doutorado em mais outra. Hoje, vinte anos depois que começou a graduação, espera por editais de concursos públicos. Parece haver sofrimento pela passagem do tempo e, por isso, uma dificuldade de entrada no mercado de trabalho junto com a formação de um sintoma que o leva a manter-se na condição de eterno estudante.

- Quando as conquistas são vividas com culpa. Por exemplo: Maria é inteligente e tem condições de seguir a profissão que lhe aprouver, mas mostra-se claudicante em realizar qualquer projeto de escolha. Um pouco de sua história esclarece esse receio. A jovem tem uma irmã gêmea deficiente mental desde o nascimento. Entre outros fatores, parece se sentir culpada por ter qualidades que sua irmã não tem, o que a leva a se perguntar: "por que eu tenho perspectivas de futuro e ela não?".

O crescimento traz muitos benefícios. Segundo Pedro, "o profissional deixa algo para a posteridade. É a forma de o homem imortalizar-se".

Nunca se deve abandonar um sonho com o risco de a pessoa ficar frustrada o resto da vida

Alguém que aspire a uma profissão nunca poderá desistir dela com o risco de ficar frustrado a vida toda?

Em um grupo de jovens em orientação profissional propus um jogo que consistia na discussão de afirmações verdadeiras ou falsas. Duas frases provocaram grande alvoroço: "Quem vai contra suas tendências pessoais costuma ser infeliz e não vencer na vida" e "O esforço individual é fundamental na profissão, a pessoa tem que dar o melhor de si para alcançar sucesso".

Essas frases dão margem a muitas reflexões: tendências pessoais, habilidades, esforço e sucesso na vida. No grupo em questão, a discussão desembocou no sonho profissional de cada um, fator bastante valorizado. Os jovens diziam: "cada um tem um sonho e deve apegar-se a ele custe o que custar". Um dos rapazes perguntou: "até quando devo insistir no vestibular para Medicina?". Tratava-se de "quantas vezes insistir no vestibular para Medicina: três, quatro, sete vezes?". Eu falei: "por que não alterar o projeto? Todo projeto tem um limite".

Minha observação desencadeou reação geral. "Como vou largar os meus sonhos?", perguntavam eles, profundamente ameaçados.

Será que desejar é fator suficiente para realizar esse desejo? Desejar é condição necessária, contudo, querer algo não é suficiente para alcançá-lo.

Uma coisa é o sonho, outra coisa é o que acontece na realidade. É duro admitir que nem tudo o que se deseja se consegue, apesar de todo o investimento.

> É duro admitir que nem tudo o que se deseja se consegue, apesar de todo o investimento.

No exemplo anterior, o grupo estava indignado com a possibilidade de ter que alterar o projeto após várias tentativas fracassadas e, com isso, ficar frustrado para sempre.

O desejo não pode ser algo cristalizado. O desejo é errante. É possível mudar os objetos de desejo, aliás, isso é saudável dependendo das circunstâncias.

O mesmo vale para objetos amorosos: perder o grande amor é desolador, mas encontrar um novo amor é uma arte de saber viver.

Se mantivéssemos fixado o primeiro objeto de satisfação não faríamos nada, visto que esse primeiro é a mamãe. Essa relação de amor toma outras características ainda no começo da vida, mas guardamos o mesmo espírito de busca da satisfação por meio dos nossos desejos. Na origem, era pela mãe, depois, por outros amores substitutos. Na ausência daquele primeiro amor que satisfazia a necessidade, o aparelho psíquico teve que encontrar saídas, seja com outros amores, seja com outras fontes de satisfação. Se não for possível obter a satisfação numa trilha, é necessário desenhar outra.

Privilegia-se o gostar, a afinidade por determinada coisa, mais do que qualquer outro valor. Essa crença está subentendida na fala de Raul, que justifica seu fracasso escolar com o desinteresse. "Só falta descobrir do que de fato eu gosto; quando eu descobrir isso, eu vou ter motivação para ir bem". Parece mágica essa solução, "eu quero, eu encontro a motivação".

Ora, querer não é necessariamente poder. Ter vontade é um motor importante, mas obter aquilo a que se aspira depende de vários fatores pessoais e conjunturais. Um dos complicadores ao querer é a habilidade, a facilidade. Uma pessoa pode querer ser ou ter interesse em ser jogador de futebol, pode até ter o recurso econômico como facilitador, mas não ter talento. O contrário também é frequente. Uma pessoa pode querer ser jogador, ter talento e não ser escolhido por um olheiro que o selecione. Querer, ter talento e reunir os requisitos sociais são condições necessárias, mas ainda assim não suficientes para obter a realização em uma profissão.

> A crença de que, para que um desejo se realize, basta querer e se esforçar é ilusória e é a supervalorização do mérito.

Segundo o *Dicionário Houaiss da língua portuguesa*, meritocracia é o predomínio em uma sociedade, organização, grupo ou ocupação daqueles que têm mais méritos. Os mais trabalhadores, mais dedicados, mais bem-dotados intelectualmente. É o sistema de recompensa e/ou promoção fundamentado no mérito pessoal.

Quando prevalece a meritocracia, a pessoa conquista postos conforme seu talento. No olhar globalizado, a meritocracia pode ser um critério justo. Isso em países que conseguiram minimizar seus problemas de favorecimentos, corrupção e os impedimentos ligados à pobreza, ao universo cultural e a fatores socioeconômicos.

No Brasil, um país tão desigual, a valorização pelo talento de uma pessoa está mais no discurso do que na prática. Ainda predomina a indicação e favorecimento de alguns. Nesse caso, não é a meritocracia que prevalece. As oportunidades de estudo e de disputar cargos bons existem majoritariamente para os grupos socioeconômicos com maiores recursos financeiros. Já na carreira profissional, há maiores chances de valer o critério do mérito, após acertadas as contas por meio da universidade.

Outro aspecto sobre a desistência de um projeto poder levar à frustração para sempre é a interpretação disso como submissão à tirania da culpa. Embora a culpa muitas vezes seja um sentimento necessário à vida civilizada, dependendo da intensidade e duração, pode ser uma autopunição que mantém o indivíduo capturado em um jogo penoso de sentimentos contraditórios, causar dano e amar simultaneamente.

Algumas escolhas profissionais mantêm uma relação de compromisso com ideais infantis. É o caso do exemplo citado: "preciso fazer Medicina para provar para todos que eu consigo o curso mais árduo". Ou então o depoimento apreensivo de Ilzo, que seria eternamente frustrado porque não tinha a acuidade visual suficiente para seguir a profissão das ciências aeronáuticas.

8. Modelos

Quando a crença em uma verdade é imperiosa

Quando a confiança em uma verdade a torna absoluta, inquestionável e soberana, é possível que ela engesse a pessoa. Em linhas gerais, não há uma verdade, mas verdades, a verdade de cada um, sua ética, seu conjunto de valores e convicções. Mário é regido por verdades imperiosas; uma de suas falas ilustra esse aspecto quando diz, ao longo da orientação profissional: "Tenho que fazer como meu pai, ele entrou de primeira no ITA, onde quero estudar". Esse moço se identifica com seu pai, o tem como modelo, como ideal.

Os *ideais* são de suma importância, funcionam como uma espécie de norte para o ser humano, e podem ser de duas naturezas: punitivos e orientadores.

Ambos se desenvolvem a partir do superego, a instância psíquica presente no ser humano desde a infância que contempla as influências dos pais e daqueles que ficaram no lugar dos pais – educadores e demais pessoas tomadas como modelo ideal. O superego tem a função de avaliar as ações do indivíduo, pode ser pensado como a voz da consciência.

Agora, vejamos como os ideais se formam na pessoa. O aparelho psíquico constitui-se a partir das identificações nos diferentes momentos da evolução de cada um. Aproximar-se dos ideais contribui no desenvolvimento da autoestima da pessoa.

Retomando o caso de Mário, quando chamado a escrever sua autobiografia obedecendo a um roteiro, ele se aflige. O roteiro pede que o autor seja o mais sincero possível. Diz o rapaz:

> *Se começo como Machado de Assis, que em* Memórias póstumas de Brás Cubas *fala de si a partir da própria morte, não está certo porque eu ainda não morri. Se começo pelo nascimento, também não é certo porque é um período sem lembranças, eu teria que me apoiar nos relatos familiares, o que me afastaria da proposta de escrever uma autobiografia totalmente minha.*

Teme fugir da proposta entendida de maneira estrita por ele. Aferrando-se a uma orientação tão rigorosa, paralisa-se. Os ideais podem tanto levar a querer se aproximar dos sonhos e, com isso, levar adiante os projetos, como podem ser paralisadores, como no caso de Mário, no qual o ideal é como algo mágico da infância, algo perfeito, sem nenhuma falha.

Mário sente-se impossibilitado de sonhar sua autobiografia, uma vez que toma literalmente as instruções para a redação. Esse modelo pode ser ampliado para compreendermos o seu jeito de processar a escolha profissional: sempre uma escolha individual e com chances de erro. Ele fica angustiado. Na tentativa de evitar riscos de fracasso quanto à escolha profissional, idealiza a verdadeira escolha, pura e sem influências. Na entrevista final, seus pais o questionam sobre os motivos pela escolha "x", e ele fica desesperado por não conseguir justificar de maneira consistente. Ele se indaga: "será que eu estou escolhendo o que não conheço o suficiente?" A orientação profissional ajudou-o a tomar uma decisão quanto ao futuro profissional, mas por meio de uma psicoterapia poderá analisar melhor sua relação com seus ideais menos inspiradores e mais coercitivos.

Se entrar na faculdade, ganha um carro

Ainda há pais que premiam os filhos por ter entrado em uma determinada faculdade. Mesmo que os argumentos sejam razoáveis e plausíveis – como o de que "não tendo que pagar uma faculdade particular, posso lhe dar um carro", essa negociação é perigosa e dá margem a dúvidas quanto ao verdadeiro beneficiado daquele empreendimento, o pai ou o filho. Entrar na faculdade é uma conquista do filho, e é importante que isso fique claro para todos. A apropriação de uma conquista remete à responsabilidade de cuidar da nova posse. Alcançar um objetivo tem custos, traz mudanças e, como toda mudança, implica ganhos e perdas. A nova fase implica estudar e superar os obstáculos diários, de um lado, e ter prazer de conseguir ver os resultados por adquirir uma ciência, de outro. Resumindo, uma atitude adulta diante da própria escolha é também se responsabilizar por ela.

> Uma atitude adulta diante da própria escolha é também se responsabilizar por ela.

Será que esses pais usam a recompensa por desconfiança na capacidade do filho? Ou será que temem os desdobramentos de o jovem não ter bons resultados nos vestibulares?

Um exemplo ilustrativo é o de Marilda, que expõe seu receio de que os fracassos quanto ao vestibular e faculdade ocasionem frustrações devastadoras para a autoestima do filho. Nessa entrevista com os pais e o rapaz, o casal insiste na inteligência do filho. Querem com isso reforçar a imagem de que o filho pode chegar lá. Diante de tanta insistência, é de se supor que têm dúvidas quanto a isso.

É interessante pensar nessa e em outras falas de estímulo: "você é bonito", "você é capaz", e daí por diante. Até mesmo a fala "eu te amo", bastante em voga no Brasil, mas um hábito originalmente americano, segue essa direção. Por que essa insistência em confirmar atributos positivos? Será que assim a pessoa a quem eles são dirigidos acaba se convencendo? As declarações de afeto também são complicadas, elas não expressam efetivamente o que pretendem, os sentimentos. Verbaliza-se o afeto, porém é transmitida outra coisa, que até pode ser afeto, mas não necessariamente. As afirmações "você é inteligente" ou "eu te amo" expressam também a crença de que se possa engendrar tudo no filho, para isso *basta afirmar... e firmar, assinar embaixo.*

Pais que não estudaram têm receio de os filhos fazerem o mesmo

Alguns pais mostram-se aflitos e apressam seus filhos quanto à decisão da escolha profissional porque temem que eles não prossigam no ensino superior. Às vezes, esse é um fantasma familiar, porque os pais não fizeram faculdade por rebeldia contra os próprios familiares e o sistema de ensino, ou porque não tiveram oportunidade de estudar. Sentem-se culpados por terem sido displicentes e rebeldes com os estudos e acreditam terem perdido as chances de se darem melhor profissionalmente. Até mesmo pais bem-sucedidos, às vezes, sentem-se devedores em suas histórias. Além dessa culpa, há outra: a de que os filhos façam o mesmo.

A continuidade nos estudos de Rui costuma ser uma grande preocupação de sua mãe. Essa senhora diz que fez faculdade e teve que abandonar a carreira para cuidar das crianças. Hoje em dia, fica atenta ao filho vestibulando para que ele estude. Teme que, de alguma forma, o rapaz possa contentar-se com o ensino médio concluído. Ela fala que seus filhos não têm aspiração. Na entrevista, o pai diz que seus filhos não têm limites, são infantilizados pela mãe, que faz tudo por eles. Pode ser que, sem trabalhar fora, ela se veja na incumbência de se sobrecarregar de serviços domésticos, e cabe ao Rui compensar a decepção da mãe de ter interrompido sua vida profissional. Abraçar um projeto profissional requer alguma maturidade, inclusive ver-se descolado da trama familiar.

Indo um pouco além na análise da reclamação do pai de Rui, para que os filhos tenham limites, é necessário que alguém cumpra a função de colocar limites, o pai ou substituto. Função paterna é uma atribuição importante normalmente desempenhada pelo pai, mas nem sempre. Essa tarefa visa, de um lado, colocar limites e regulamentos para as ações dos filhos e, de outro, estimular e promover que o filho avance com responsabilidade.

Pais que não opinam podem ser interpretados como negligentes

Até algumas décadas atrás, os filhos tendiam a acatar as orientações dos pais quanto às suas escolhas amorosas, profissionais, entre outras decisões importantes da vida. Foram gerações reprimidas nas próprias aspirações e desejos. Atualmente, com as mudanças de mentalidade, a ascendência dos pais sobre os filhos atenuou-se.

Observa-se que certos pais, quando na posição de filhos, eram obedientes aos ditames paternos e, com sua prole, portam-se justamente ao contrário. Uma vez pais, dão aos filhos liberdade para fazerem tudo o que eles não puderam fazer. No afã de possibilitar aos filhos a expressão das próprias individualidades, acolhem-nos, mas acabam deixando-os à mercê de si mesmos, sem referências. Isso é um problema porque o jovem precisa fazer oposição ao que é estabelecido, como as regras; com isso, ele se diferencia e constrói seu conjunto de convicções. Pessoas às quais nada é imposto ou cobrado ficam frágeis e inseguras. Além de jovens com dificuldades em admitir as regras estabelecidas, mesmo aquelas justificáveis como regras de convivência, podem apresentar dificuldades de administrar a ansiedade, própria das mudanças de fase da vida diante do desconhecido.

O momento de escolha profissional desses jovens é vivido com considerável sofrimento; as falas sobre profissões são comunicações nebulosas, parecendo tratar-se de um tabu. As conversas entre pais e filhos, quando ocorrem, vão até certo ponto. Com medo de serem interpretados como autoritários, esses pais preferem abster-se de dar opiniões, mesmo quando as têm. Insistem que as escolhas dos filhos não foram influenciadas por eles. Desculpam-se dizendo que não têm intenção de influenciá-los e se dizem sem posição. Essa atitude deixa os filhos perdidos e vacilantes. Quase sempre os pais têm opiniões secretas que não expressam por medo de influenciá-los. Muitos filhos recebem a dupla mensagem: "faça assim que é melhor", de um lado, "você é inteiramente livre", de outro, e ficam confusos com essas comunicações. Certos pais são acusados pelos filhos de serem negligentes e omissos. A liberdade concedida é interpretada como abandono dos pais para com a vida dos filhos. Quando os pais falam sobre suas impressões e deixam os filhos seguirem o caminho preferido, causam menor dano.

9. Vestibular

Toda faculdade é igual; quem "faz" a faculdade é o aluno

Paula chegou à orientação profissional com tudo definido: fazer ciências biológicas em determinada faculdade que, do seu ponto de vista, era muito boa. Disse, na ocasião, que seus pais a orientavam para Engenharia de Produção. Após nossos encontros, manteve a preferência por ciências biológicas e, pesquisando sobre as graduações da área preferida, estava agora decidida a tentar as melhores escolas. Na última entrevista com os pais, estes insistiam que todas as faculdades são iguais e quem faz a faculdade é o aluno. Estavam preocupados com o fato de a jovem incluir escolas com vestibulares mais competitivos entre suas opções. Achavam que a filha deveria despreocupar-se com o vestibular. Eles estavam ansiosos com o futuro da filha, e sua possível decepção, considerando que eles mesmos se sentiam muito insatisfeitos com suas carreiras. Ambos os pais haviam estudado na USP e tinham em baixo conceito o curso que fizeram, o que contradiz as classificações nos *rankings* das escolas que fizeram. Eu me perguntava por que insistiam em desqualificar a universidade que os formou. Será que tiveram uma experiência de graduação tão ruim assim ou a decepção estava na opção pela carreira escolhida, a docência? Paula havia dito que seus pais queriam que ela cursasse Engenharia de Produção, algo mais *garantido*.

A jovem repetia a máxima dos pais: "quem faz a faculdade é o aluno. Não há faculdades melhores ou piores". E com isso: "não desejando condições melhores, não tenho que sofrer caso não consiga chegar lá".

Salvo raras exceções, trata-se de uma inverdade. Há faculdade boas, medianas e fracas. Essa frase, partindo das famílias, é intrigante. Tudo leva a crer que certos pais falam isso para dar a entender que tudo depende exclusivamente do filho. Contudo, assim encobrem a decepção que, por ventura, possam ter de não verem os filhos aprovados nas melhores universidades, antes mesmo de estes tentarem. Quando a afirmação parte do jovem, ela também sugere medo do insucesso no vestibular para a faculdade preferida e a ilusão de que evitando tal prova ele não perde nada. A saída do ensino médio para o superior ou tecnológico provoca tensão. Esse período pode ser entendido como um ritual de passagem da juventude para a fase adulta. Negá-lo não resolve o problema, pelo contrário, mantém a pessoa no infantilismo e enfraquecida.

Achar que dá para passar ao largo do desafio de escolher uma profissão e ir atrás de efetivar a escolha sugere que o jovem está às voltas com a onipotência infantil. A criança, durante um longo período, considera-se o regente da orquestra do seu mundo particular. Ela sente-se plena. Nesse momento da vida humana, a separação entre mim e outro é frouxa, ainda incompleta. Aos poucos, ela se dá conta de que o adulto se afasta dela e que, muitas vezes, ela tem que se virar sozinha na tentativa de resolver suas tensões e necessidades. Encontrar saídas diante da realidade que frustra significa ativar a inteligência e a criatividade. Quando a criança nega a falta do outro e sua incompletude ante a necessidade e a urgência de tomar uma providência, ela se empobrece. O contrassenso é que não admitir a falta colabora para que a pessoa fique dependente e infantil.

> Encontrar saídas diante da realidade que frustra significa ativar a inteligência e a criatividade.

Fazendo universidade fora do Brasil meu diploma valerá mais

Ouço essa afirmação com frequência, embora haja a ressalva de que cursos como Medicina ou Direito precisam ser estudadas onde se for atuar. Viajar é saudável. Que intercâmbios ampliam os horizontes todo mundo sabe. Muita gente quer conhecer diferentes lugares. André conta, na primeira entrevista, que pensa em "ir para a Holanda porque lá terei qualidade de vida melhor, transporte de bicicleta e segurança garantidos. Está tudo combinado com uma amiga". No final do ensino médio, essa possibilidade costuma ser considerada pelas famílias, mesmo que o jovem desconheça a profissão que gostaria de seguir. Ir embora é um sonho acalentado entre adultos e adolescentes. Rodrigo avisa no primeiro encontro de orientação profissional: "eu quero estudar fora". Segue nessa toada até chegar a dois grupos de profissões de sua preferência, aqueles com chances no exterior e aqueles sem. Se a pessoa deseja ter um projeto profissional, deve realizar uma escolha pautada naquilo que faz sentido a ela, e não porque tem saída ou não tem saída no exterior. A empregabilidade no exterior, onde e como, precisa ser avaliada posteriormente.

De fato, há grandes possibilidades de trânsito entre países e continentes atualmente: as fronteiras estão mais tênues. A virtualidade já facilita isso. Vários programas de intercâmbio, principalmente de graduação, ou até de pós-graduação, são oferecidos nas feiras promovidas pelos colégios, faculdades e empresas.

Estudar fora é aconselhável quando a pessoa está madura para sair de sua cidade. Sair de casa, ter a experiência de tocar a própria vida longe dos pais, pode ocorrer de diferentes maneiras, até mesmo indo para uma moradia de estudantes perto da universidade. Se o curso que a pessoa deseja só é oferecido em outra cidade, esse é um bom motivo para experimentar a vida fora da casa dos pais. Os motivos de *ir para fora* podem ser o de conquistar autonomia, de melhorar a qualidade de vida, ou de, a médio prazo, obter melhores chances profissionais, entretanto, as oportunidades de trabalho no exterior não são tão alvissareiras.

O diploma do exterior não pesa mais do que um diploma do Brasil. Lá ou aqui, o diploma vale em função da qualidade do curso e do reconhecimento da escola cursada.

Se o projeto da pessoa é cursar universidade no exterior e voltar para atuar no Brasil, terá que validar seu diploma buscando fazer as equivalências de matérias e cursando as matérias que faltam para legalizar o diploma.

Vale lembrar outro aspecto de estudar fora, por exemplo, em outro estado. É bom estudar nas proximidades de onde se pretende atuar profissionalmente, porque muitos vínculos entre os colegas serão feitos na universidade e, possivelmente, essa rede será útil no começo da vida profissional.

Uns querem construir a vida profissional fora porque acreditam que lá terão qualidade de vida e trabalho. Isso se confirma se a pessoa estiver inserida em uma comunidade científica internacional e acontece com a profissão consolidada. Fazer a vida profissional no exterior requer dinheiro e planejamento. Muitas pessoas nessas condições lastimam as diferenças culturais, a língua e a saudade da família e dos amigos.

"Vou-me embora pra Pasárgada / lá sou amigo do rei. / Lá tenho a mulher que eu quero / na cama que escolherei", diz a poesia de Manuel Bandeira. Muita gente descreve *lá fora* como um lugar paradisíaco onde tudo o que se quer acontece.

Será que estamos diante de eterna insatisfação com o que se tem? Algumas pessoas estão sempre de olho nas conquistas do vizinho, como se fossem melhores do que as suas, como se o paraíso estivesse logo ali na casa ao lado. Isso é muito negativo quando envolve os filhos. Alguns jovens se queixam que seus pais não confiam neles e que sempre os comparam com os primos ou filhos dos amigos. A confiança nos filhos é fundamental, pais precisam acreditar mais na semeadura que fizeram. Os pais têm que acreditar nos seus rebentos usando os dois olhos: um confia e o outro acompanha.

10. Protagonizar

Quando uma pessoa gosta de criação é indicativo de que ela deve seguir profissões artísticas?

É frequente que os jovens queiram inventar algo relevante, e justificam esse desejo como uma forma de deixarem uma marca no mundo. Querem inovar com seus projetos, criar novos espaços onde as pessoas possam transitar ou descobrir a cura de algum mal da atualidade. Querem protagonizar, nada mais justo.

Mas é bom lembrar que inventar, ou criar, não se dá por geração espontânea, do nada. Quando Isaac Newton, matemático inglês no século XVII, descobriu a força gravitacional, ele estava às voltas com essa questão; observar uma maçã caindo na sua frente e estabelecer as relações com a gravidade foi somente uma articulação entre muitas ideias que ele vinha estudando. Bion, um psicanalista inglês que viveu no século passado, escreveu que os pensamentos estão por aí aguardando um pensador que os adote.

A criatividade não é fonte espontânea de inspiração. Muitos artistas já disseram que a obra artística é composta de 5% de inspiração e 95% de transpiração. Se a inventividade viesse de uma mina natural em certas pessoas, poderíamos pensar que ela teria um limite e se esgotaria com o uso, como um reservatório que seca. Uma das preocupações dos jovens mais inclinados a seguir uma carreira artística é a de que, em algum momento, a capacidade criativa pode se esgotar.

Outros ainda dizem que gostariam de seguir uma carreira artística, porém acham que ela não dá futuro, que esses profissionais são muito mal pagos. As profissões artísticas são diversas – do *design* ao audiovisual – e estão longe de serem desconsideradas pelo mercado das profissões de maneira uniforme. Isso sem contar que o fato de ganhar dinheiro com seu trabalho é um fator mais pessoal do que determinado por essa ou aquela profissão (ver a seção "Para se decidir a respeito de uma profissão, é necessário ter certeza do que se quer" do Capítulo 3).

Já ouvi ainda a seguinte justificativa para a opção por uma carreira artística: "criando, posso encerrar esse negócio de estudar". Não é bem assim! Não há profissão que prescinda de estudo, das artes plásticas à gastronomia, todas pedem muito estudo, mesmo que associado à prática.

A propósito do trabalho criativo, em um pequeno artigo de 1908, Freud explica o impulso criativo dos poetas comparando-o ao brincar das crianças, iluminando, com sua argumentação, mais uma vez, a sublimação. Diz ele que os desejos e as fantasias estão por trás do brincar das crianças, assim como do processo criativo dos poetas. A diferença é que esses motivos são tratados de forma natural pelas crianças e de forma vexatória e repulsiva pelos adultos. Com o avançar da idade, a intensidade da vida interior, com sua dimensão sexual, desperta vergonha. Porém, alguns produtos da imaginação dos artistas perdem esse caráter aversivo, ainda que procedam do mesmo caldo emocional antes repulsivo. Isso porque são transformados em produções estéticas que acabam por despertar prazer no espectador. Assim, o artista consegue expressar seus desejos e fantasias e, com isso, capturar o interlocutor. O que ocorre é a identificação com o artista, processo no qual o espectador sente os impulsos e os desejos que são expressos na obra, mas que também são seus. De outra maneira, esse conteúdo seria rejeitado.

O artista, com sua produção, tem o poder de provocar emoções intensas no espectador, de seduzi-lo. O artista, com sua criação, fruto da sublimação, provoca fascínio no espectador e transmite o mesmo envolvimento que sentiu ao produzir sua obra. Com esta, o artista remete a pessoa a um estado de desejo que a rigor não está ligado a nenhum objeto em particular, mas a uma promessa de encontro com intensas emoções. Quem não fica profundamente emocionado ao escutar certa música? O mérito pode ser do compositor ou do músico, ambos têm essa capacidade.

Em que pesem todas essas considerações sobre a criatividade, confiná-la ao universo dos artistas é empobrecê-la. A criatividade não é privilégio de algumas áreas como *design*, artes visuais e publicidade, só para destacar algumas, mas pode estar presente em todas as áreas do conhecimento. Aliás, é fator de realização de todo profissional. Nas profissões não propriamente artísticas, o poder criador se apoia na experiência acumulada pelo profissional. Um engenheiro experiente pode ser extremamente criativo na busca da solução para seu projeto de pontes, na medida em que dispõe de um equipamento de experiências acumuladas. O mesmo ocorre com um cirurgião e demais profissões.

Num outro viés, tomo a fala de Bruno, que diz esperar uma "profissão divertida". A fala desse rapaz pode ser entendida no sentido poético, de algo que proporcione experiência estética, algo que transforme o indivíduo. Entretanto, pode ter outra compreensão, a de divertido estar associado a algo que desperta alegria e prazer;

92 PROTAGONIZAR

nesse sentido, Bruno pode estar desconsiderando a dimensão do prazer postergado, ligado ao princípio da realidade (ver a seção "Eu quero é ser feliz" do Capítulo 6).

Como obter diversão em um trabalho que requer esforço, condição presente em toda produção? É relativamente frequente a confusão entre inteligência e esforço. Muitas vezes, na mesma família, há o sujeito inteligente que alcança bons resultados sem esforço e aquele esforçado que sempre *rala*. Entretanto, os inteligentes e os esforçados realizar-se-ão profissionalmente com grande dose de esforço. Raramente uma pessoa vai para a frente somente com inteligência. É de se pensar por que se idealiza a posição do inteligente. Será que é resquício da Antiguidade, quando o grupo que pensava era tão diferente daquele que trabalhava?

O *homem cria a solução diante dos impasses do cotidiano*

Como foi falado no tópico anterior, todas as profissões têm um aspecto criativo na medida em que, diante de um problema, o profissional busca uma solução. Toda profissão instiga a criatividade do profissional. O psicólogo com seu paciente e o professor com seu aluno buscam saídas para cada dilema. No campo profissional, quanto maior a experiência no ofício, tanto maior será seu repertório, de onde pinçará elementos para a solução dos impasses cotidianos. Para isso, a pessoa deve ter uma postura de pesquisador, curiosidade e inquietação diante do conhecimento.

Há um conceito cunhado por Dejours, psicanalista francês da atualidade, chamado *zelo*. Zelo é o conjunto de saídas criativas, individuais ou grupais, presentes no dia a dia dos que trabalham.

No mundo corporativo, uma coisa é o que está nas normas e prescrições, outra coisa é o que deve ser feito para o trabalho avançar. Dificilmente as atividades prosperam sem soluções emergenciais desempenhadas por pessoas com experiência e iniciativa que assumam a responsabilidade por essas ações, muitas vezes, longe das atividades recomendas pelas regras. Isso não significa ir contra as determinações da instituição, mas adequá-las à realidade de cada fato.

O zelo tenta minimizar o intervalo entre o trabalho prescrito e o trabalho efetivo. Sem o zelo, o trabalho emperraria, porque não é possível haver previsão de todo tipo de acontecimento, é necessário haver espaço para exceção dentro das regras estabelecidas.

Alguns órgãos existem para inibir os excessos de pessoalidade e criatividade dos profissionais no exercício de suas profissões. O desempenho profissional requer conhecimento associado à prática. Para se profissionalizar e manter a qualidade do trabalho, o sujeito precisa de estudo contínuo, acompanhamento supervisionado, confronto de ideias com os pares, tudo isso com boa dose de experimentação. Os lugares propícios a essas trocas são os congressos, simpósios e jornadas com temas específicos e dirigidos a categorias profissionais. Essas reuniões funcionam como berçário de novos conhecimentos e avanços técnicos e científicos.

Nessa perspectiva, a orientação profissional vai além do fornecer parâmetros para a primeira escolha realizada por jovens ao final do ensino médio. Considerando que estamos sempre aprendendo ao longo da vida, episodicamente pode ser aconselhável uma orientação profissional que aponte uma direção na carreira, pois o tempo todo percorremos caminhos no nosso ofício.

Prático ou teórico, eis a questão

Alguns acham que vão poder se livrar da teoria e ter somente prática no exercício de uma profissão. Será possível fazer coisas práticas independentemente da teoria ou somente ter teoria independentemente do exercício da atividade? Caio tentou vários cursos perseguindo *o mínimo de teoria possível* e, como não conseguiu, está sempre insatisfeito.

Não há dúvida de que exercitar é fundamental, seja qual for o campo do conhecimento. Nenhum curso forma um profissional sem a necessidade de que ele pratique. A faculdade não forma um médico, mas a faculdade e a prática fazem o médico. Entretanto, o mesmo raciocínio vale para a pertinência de teoria em um curso de formação. Todo aprendizado de uma profissão exige uma etapa de estudo de teorias e conceitos. Aliás, é isso que fomentará a capacidade criadora em qualquer profissão.

Prática e teoria, quando vistas isoladamente, causam falsas convicções. É o caso das frases: "Sou prático, não quero ler nunca mais"; "Vou fazer Medicina porque ela é eminentemente prática"; "Fazendo Letras, nunca mais vou ter que ver matemática"; "Vou ser publicitário porque, tendo criatividade e inspiração, não preciso de mais nada".

Além do prático/teórico, alguns outros pares complementares são recorrentes no momento da escolha profissional e merecem reflexão:

• *Sujeito e objeto*: quando os lugares de quem sabe e de quem aprende, de quem manda e de quem obedece estão cristalizados, algumas pessoas sentem-se certas do lugar que ocuparão no trabalho. É o que expressam as afirmações: "Desde cedo sou preparado para comandar"; "Tendo meu próprio negócio, evito ter que me sujeitar a um chefe".

• *Passivo e ativo*: algumas colocações mostram confusão entre ser ou não senhor das próprias escolhas e merecem esclarecimento. "Vou mal em todas as matérias do curso de Administração, eu não gosto delas, se gostasse, aprenderia. Agora eu só preciso descobrir do que gosto para ser bem-sucedido profissionalmente nesse campo": a pessoa considera que, determinada a preferência, já se obtém a razão suficiente de sucesso – é como se a preferência escolhesse o sujeito. "Quando uma pessoa nunca estudou na sua vida escolar, tem poucas chances com relação ao futuro": como se houvesse uma punição para quem tem um histórico escolar ruim.

• *Ideologia e ação*: quando a escolha da profissão esbarra em ideologias, isso também deve ser mote de reflexão, mesmo porque o conflito nem sempre se apoia em ideias verdadeiras. "Em faculdades públicas só tem comunistas"; "Sempre estudei em escola particular com recursos de última geração, não faz sentido ir para qualquer outra que não ofereça os mesmos equipamentos"; "Sendo religiosa, temo sofrer influência de colegas de outras crenças na faculdade, por isso devo encontrar uma instituição o mais semelhante possível a mim".

Primeira escolha e empreendedorismo

Atualmente, a *bola da vez* é o empreendedorismo: pessoas muito jovens abrem negócios rentáveis de venda pela internet, construção de aplicativos, iniciativas criativas de toda natureza. É frequente ler nos jornais sobre empreendedorismo e a receita de como garantir que um negócio seja longevo e próspero. Essas dicas auxiliam na construção de negócios próprios, mas pouco iluminam os dilemas quanto à primeira escolha profissional.

A escolha por uma profissão deve ser avaliada com cuidado, sem pressa, e levando em consideração todos os aspectos da pessoa com vistas a um projeto profissional: interesses, habilidades, valores e condições econômicas.

Há diferentes motivos que levam o jovem a partir para o próprio negócio: o desejo por maior liberdade, gostar de atividades dinâmicas e nada burocráticas e, sobretudo, buscar algo que faça sentido para si mesmo.

Muitas vezes, há uma aversão por seguir regras estabelecidas e lidar com hierarquia. É como Carlos justifica sua preferência por *home office*: "para eu ditar minhas regras". Já a decisão de João em montar um restaurante levantou a dúvida de este ser um interesse por empreendedorismo ou de estar associado a certa dificuldade de trabalhar em uma estrutura hierárquica. Cabe aqui um alerta: a escolha pelo empreendedorismo não deve ser feita pelo "avesso", ou seja, para fugir de uma situação incômoda. É preciso mais do que isso. É necessário ter as características essenciais para empreender.

A chamada geração Z, que nasceu da década de 1990 para cá, tem algumas características: grande agilidade com tecnologias, dificuldade de se afastar dos celulares, insatisfação em se manter tempo maior em uma mesma empresa e, sobretudo, estranhamento quanto a hierarquias nos ambientes de trabalho. Podem, ao mesmo tempo, ser extremamente ágeis, rápidos e competentes e ter reduzida tolerância com os processos mais lentos porque se sentem entediados. Alguns jovens dizem que, se os desafios forem grandes, manter-se-ão envolvidos. Querem adrenalina. Na corporação, esperam voto de confiança e liberdade para ação, buscam criar ou, pelo menos, poderem ser desafiados no pensamento. Em que pesem as semelhanças entre essa geração e os empreendedores, somente alguns têm o perfil de empreendedor!

Quando uma pessoa escolhe ser empreendedora, independentemente de ser júnior ou veterano, precisa de certas condições que vão além de um grande desejo de liberdade de fazer do seu jeito e de ser dono do próprio negócio: conhecimento e muito interesse pelo mercado em que deseja se inserir, visão de futuro, disciplina e foco para criar e obedecer as próprias regras, persistência, considerando que nem sempre se acerta da primeira vez, e saber conviver bem com o risco.

Um rapaz disse sobre o seu estágio: "meu chefe sabe muito mais que eu, mas ele insiste em me ensinar no passo a passo; ora, eu sou mais rápido, eu pego a coisa antes de ele concluir. Só não preciso fazer como ele faz, porque o resultado é o mesmo".

O exemplo ilustra que os jovens querem fazer do próprio jeito. Não se rebelam contra as regras, mas querem ter a liberdade de estabelecer as suas regras ou, pelo menos, precisam ver sentido nas regras existentes.

O ambiente na empresa pode ser cordial e, mais do que isso, afetuoso. Os superiores e funcionários com frequência se tratam por apelidos e, não raro, com intimidade. De um lado, há essa proximidade entre os membros da equipe e, de outro, a expectativa de que as tarefas sejam justificadas, tudo com vistas ao melhor funcionamento do time. O clima de trabalho é importante, mas, muitas vezes, isso é fachada. A medida do bom ambiente de trabalho observa-se pelo respeito de parte a parte, pelo compromisso e responsabilidade com relação ao contrato no qual uma parte cumpre a tarefa com competência e a outra paga o combinado.

Temos dois caminhos diferentes para o jovem que deseja empreender. Um deles é quando há um destacado interesse por determinado assunto. Exemplo clássico é o jovem que é apaixonado por tecnologia da informação, por cozinhar ou ecologia. Nesse caso, o caminho inicial pode ser graduar-se em algo diretamente relacionado ao seu interesse, adquirindo assim a *expertise* para saber fazer. Mas, se tiver o desejo de empreender, terá que prosseguir com um curso que lhe dê as bases para construir e administrar o próprio negócio. Afinal, saber cozinhar é muito diferente de ter um negócio na área da alimentação. O outro caminho é o da gestão. Quando o desejo de empreender está muito presente, e não vem acompanhado de um objeto específico de interesse, o aconselhável é optar por graduações mais amplas e voltadas ao mundo dos negócios, como Administração, Ciências Contábeis, Comércio Exterior, Economia ou qualquer outra que forneça subsídios para a pessoa se dedicar à iniciativa de desenvolver um novo empreendimento.

O gosto por tecnologia sugere indicação para essa área?

O desenvolvimento das tecnologias de comunicação favoreceu a democratização das informações. Hoje, qualquer mal-estar físico pode ser elucidado pela internet, sem precisar da presença dos mediadores e especialistas. Há aplicativos para tudo: até uma voz que lê o livro *Iracema*, de José de Alencar, para o aluno que não tem paciência para a leitura.

Os jovens são *experts* em toda tecnologia e descobrem as facilidades e seus mistérios em um piscar de olhos. Muitos deles são aficionados por jogos digitais.

É de se perguntar então se o caminho profissional dessa geração seria de profissões relacionadas à tecnologia. Não necessariamente! Uma parte desses jovens possivelmente quer tomar esse campo como seu objeto de estudo e trabalho. Para estes, há diversas faculdades ou cursos de formação com foco maior em tecnologia: programação, animação, simulação ou construção de computadores. Mas outra parte dos jovens apreciadores de *games*, tecnologias de celular e redes sociais talvez não queira tomar a tecnologia como foco de interesse. Embora adorem tecnologia, preferem manter essas atividades apenas como lazer/*hobby* ou como ferramenta. Há quem diga que, em um curto espaço de tempo, a tecnologia entrará em todos os campos do conhecimento como instrumento de trabalho, e nenhuma área ficará livre dela.

A questão então é ter clareza quanto àquilo que se quer como objeto de trabalho e estudo. Eu falei sobre ter a tecnologia como objeto de estudo ou foco de atenção, mas poderíamos traçar um paralelo com idiomas. Uma coisa é gostar de línguas, querer estudá-las e trabalhar com elas, outra coisa é querer reservar um lugar de ferramenta aos idiomas. Expressar-se com clareza e estilo por meio da escrita ou da fala é indispensável em qualquer área. Além disso, com a internacionalização do mundo do trabalho, cada vez mais as pessoas terão que dominar outros idiomas além do português.

> A questão é ter clareza quanto àquilo que se quer como objeto de trabalho e estudo.

Podemos pensar ainda em outras profissões. O mesmo vale para o dinheiro: uma coisa é querer trabalhar com dinheiro, mercado financeiro, bolsa de valores e cálculos, outra coisa é desejar ter dinheiro na carteira; uma coisa é ter um carro, outra coisa é gostar da mecânica de carros; uma coisa é gostar de atender pessoas, outra coisa é querer um psicólogo para se ajudar; uma coisa é adorar mexer com comida, e outra é gostar de comer.

11. De fio a pavio

E se de repente eu deixar de querer?

Perguntando a um grupo de jovens sobre o que os impedia de realizar a escolha profissional, um deles contou que era bombardeado por temores de que, da noite para o dia, concluísse que não era o que queria. Outro disse que, embora esperasse alcançar independência dos pais, temia que fosse escravizado por uma rotina a ponto de enlouquecer. Outro disse que podia perder os amigos e ficar isolado no exercício profissional. Um deles disse ainda que se angustiava com a forma como as profissões eram recortadas do conjunto de todas as outras, mesmo sendo todas elas tão conectadas. Os receios eram o de sair da órbita ou ficar aprisionado a contragosto. Sofriam com a possibilidade de perderem a conexão de si mesmos com suas histórias e referências. E mais: falavam de ser sempre uma parte. Sempre se escolhe um pedaço, uma parte do todo. Essa é condição do viver, nós mesmos somos uma parte do todo do universo. Ocorre que, embora vulneráveis a uma infinidade de experiências individuais e coletivas, há um fio, uma sucessão de acontecimentos, e o desenho que esse fio faz compõe a história de cada um. Não é possível nem que dada pessoa do nada fique completamente mudada, nem desconsiderar que se é sempre uma parte do todo.

Os consultores de carreira sempre orientam as pessoas a olhar o futuro, projetar e caminhar com vistas a alcançar o objetivo, e alertam que qualquer desvio de rota é prejudicial. Aconselham focar o objetivo, as metas futuras. Com essa instrução, qualquer passinho fora que fuja da estrada provoca grande culpa no profissional cuidadoso por estar atrasando o projeto traçado. Diante disso, Renata diz:

> *A ideia de que há um fio que cada pessoa segue independente de caminhar mais ou menos próximo do previamente estabelecido é reconfortante. Entendi na orientação profissional que há coesão em mim e isso pode ser constatado após um longo percurso realizado.*

Ela está certa, cada um faz uma jornada profissional, fundamentalmente singular. Esse caminho precisa estar sintonizado com o sujeito. O caminho pode ser compreendido como um fio, e todo fio pode ser usado na confecção de tramas, ou tecer por meio de um conjunto de pontos e laços.

Ser um profissional ou ter uma profissão

Certa vez uma pessoa me disse: "sou velho". Eu lhe perguntei: "o que é ser velho?" Ela disse: "ser frágil, precisar dos filhos sem saber se corresponderão, abrir mão de todas as datas importantes em benefício das novas famílias que os filhos constituíram". Ser velho, do seu ponto de vista, era um conjunto de abnegações, e no mínimo faltavam benefícios como ter experiência, sabedoria e autonomia. De qualquer maneira, elencar atributos, positivos ou negativos, em uma categoria engessa a pessoa. Quando dizemos que alguém é isso ou aquilo (inteligente ou esforçado), dificilmente ele conseguirá fugir desse qualificativo. É como um rótulo, um carimbo.

O mesmo vale para alguém ser estudioso ou ser bonito, pois esses atributos ficam colados à pessoa, fazem parte dela. Ser é um verbo de ligação entre o sujeito e um qualificativo. O problema é quando o qualificativo define o sujeito, como na equação A = A. Temos aí uma identidade. A e seu qualificativo são uma única coisa. Em outras palavras, quando atribuímos ao José uma identidade, seja boa, como inteligente, seja ruim, como folgado, José fica cristalizado nesse qualificativo, não pode ser outra coisa. A preocupação atual dos educadores com o *bullying* trata dessa questão. Lembramos que, décadas atrás, esse jogo grupal infantojuvenil tinha outro nome, significava rotular o colega, na ocasião como *bicho grilo*, *CDF* ou *quatro olhos*, por exemplo – uma definição, uma marca cristalizada da pessoa.

Claro que ser isso ou aquilo pode fornecer garantia de felicidade, poder, prestígio e pertinência ao grupo. O Ser com as características valorizadas pelo grupo garante um lugar no grupo. Entretanto, nesse caso, a pessoa sujeita-se ao veredicto, ao imperativo do grupo, ou atribui autoridade ao grupo e acredita ser assim ou assado como o grupo o vê. Os imperativos na dinâmica grupal conferem identidade, existência ao membro. Quando se é isso ou aquilo, na ausência dessas características, a pessoa deixa de ter existência. Fica com a sensação de vazio.

Vera diz no primeiro dia de orientação profissional: sou das exatas. Ouvi também do seu pai essa mesma afirmação a respeito dela. No final da orientação profissional, ela disse: "Foi importante você ter dito que eu posso fazer Arquitetura". Eu perguntei o que a impedia de seguir a arquitetura. Ela então contou que, sendo a única filha em uma prole de quatro, na qual todos eram ligados à agronomia na empresa familiar, não lhe restava outro destino. O ser das exatas ou ser predestinada às ciências agrícolas era um imperativo.

Com frequência, nossos clientes, jovens ou adultos, vêm cheios de verdades, como no caso relatado acima. De onde vêm essas verdades? Pode originar da família que define cada filho com características e entende ser esse o caminho para a felicidade futura dele.

De maneira geral, o que se relaciona ao Ser prende a pessoa, a imobiliza. Diferente disso são os verbos que implicam ação. Uma coisa é Ser psicólogo, médico ou arquiteto. Outra coisa é clinicar, atender, escrever, arquitetar, desenhar. Ter essa ou aquela profissão confere à pessoa liberdade de apropriar-se desse ofício como desejar, juntá-lo a outros conhecimentos, modificá-lo ou, ainda, abandoná-lo, se for o caso.

> Ter essa ou aquela profissão confere à pessoa liberdade de apropriar-se desse ofício como desejar, juntá-lo a outros conhecimentos, modificá-lo ou, ainda, abandoná-lo, se for o caso.

O Ser está colado à pessoa, pode até oferecer certa segurança e supostamente inspirar respeito nos outros. Quem nunca ouviu a frase: "Você sabe com quem está falando?" Ou: "Sou mais psicólogo que muita gente formada". Diferente disso é Ter uma profissão, o que implica uma distância entre a pessoa e sua atividade profissional. Estar um tantinho descolado do Ser pode conferir autonomia à pessoa. Ter uma profissão possibilita à pessoa dominar essa condição, exercitá-la como quiser, ainda que segundo sua ética.

Uma boa formação não somente oferece as ferramentas e a teoria a determinado ofício, mas proporciona autonomia aos profissionais. Na vida profissional, ele fará o que quiser com o conjunto de conhecimentos adquiridos na faculdade, mas sobretudo espera-se que adquira autonomia para enfrentar os desafios que a realidade lhe imporá.

Outro aspecto interessante a essa reflexão está em Homero, poeta da Grécia antiga. Na jornada de Ulisses, o protagonista da *Odisseia*, a Ítaca, o herói tem que atravessar o estreito de Messina, no qual há dois monstros marinhos, Cila e Caríbdis, situados um de frente ao outro nas margens opostas que ameaçavam os navegadores. Nessa travessia tensa, era necessária a habilidade de nem aproximar-se muito de um lado, nem de outro, mas fazer um zigue-zague, equidistante das margens, a fim de evitar as duas ameaças, optando pela justa medida para evitar ser alcançado por ambos os monstros. Essa é uma metáfora da condição de conviver continuamente com o conflito. Não se pode apostar no equilíbrio, porque assim se escamoteia o caráter conflitivo, apostando na ilusão de haver solução ideal para qualquer ocasião. A escolha por uma profissão muitas vezes é entendida como o encerramento da questão; ao contrário disso, ela abre a questão de realizar uma profissão e ter vários estreitos de Messina pela frente jogando com inúmeros desafios.

Eu quero ou eu preciso trabalhar?

Outro dia uma profissional contou que se sentia muito culpada cada vez que tinha que sair para trabalhar e sua filha chorava. Apesar das conversas com a filha de que trabalhava porque queria, era sempre a mesma coisa: a criança fazia um escândalo e ela enchia-se de remorsos. Perguntei sobre o porquê de privilegiar o

106   DE FIO A PAVIO

trabalho como desejo e desprezar a condição do trabalho como necessidade.

O desejo de trabalhar segue uma demanda interna com diversas motivações: sentir-se útil tendo um papel na sociedade, obter o respeito e reconhecimento da comunidade, crescimento pessoal, ou simplesmente ocupar-se. Muitos indivíduos buscam a autorrealização por meio de seu trabalho, e esperam reconhecimento dos outros pelo que fazem.

Entretanto, quase sempre se trabalha também por necessidade, o que responde a uma exigência externa de ganhar a vida, pagar as contas etc.

Trabalhar, independentemente de ser por prazer e/ou por necessidade, é uma atividade fundamental do ser humano. Freud afirma: "Nenhuma outra técnica para a conduta da vida prende o indivíduo tão firmemente à realidade quanto a ênfase concedida ao trabalho, pois este, pelo menos, fornece-lhe um lugar seguro numa parte da realidade, na comunidade humana".[1]

Nessa perspectiva, o trabalho garante ao homem um lugar na sociedade, além de tornar sua vida melhor.

Vale a pena compreender o conceito de trabalho, seus sentidos e representações ao longo da história do homem.

O trabalho e o labor são entendidos quase como sinônimos na atualidade. Na Antiguidade, contudo, trabalho e labor tinham significados bastante distintos conforme o lugar onde eram desempenhados, quem os executava e segundo o caráter da coisa produzida: sua função e a duração dela no mundo. Fazia parte do labor o conjunto de serviços da rotina da casa, no intramuros do lar, que visava a suprir as necessidades dos familiares e dos conviventes.

---

1   Freud (1930, p. 88).

Essas atividades eram realizadas pelos escravos e pelas mulheres. Eram do âmbito do labor as atividades repetitivas, as quais produziam coisas de curta duração, que acabavam tão logo fossem consumidas e exigiam esforço para executá-las. Aliás, também era entendido como labor o ofício dos artífices, daqueles profissionais que igualmente usavam muita força física em sua ocupação, como o escultor ou o pastor.

Além do labor, existia o trabalho propriamente dito, que compreendia as atividades fora de casa. Os antigos podiam adquirir liberdade de participar dos negócios do mundo desde que equacionassem as necessidades dos familiares no âmbito privado. Viam com certo desprezo as atividades domésticas, entre outros fatores, porque nessa esfera os produtos não deixavam vestígio, não eram memoráveis e não sobreviviam por meio de um documento ou um monumento.

Por outro lado, o trabalho como tal abarcava as atividades executadas no domínio público, tidas como dignas de excelência. Estar na vida pública representava ser possuidor da excelência em algo, ação ou discurso, condição na qual a pessoa podia sobressair-se e se distinguir das demais. O exercício da política era restrito à vida pública. A dimensão pública tinha duas conotações: o lugar onde se era ouvido e visto pelos outros, com o que se obtinha a realidade de existência no mundo, sobretudo porque se era visto e ouvido pelos iguais de pontos de vista diferentes; e era também o lugar onde os homens se relacionavam por meio dos objetos produzidos por suas mãos, ou negociados por eles, e também era o lugar onde se dava o intercâmbio das ideias. A vida pública garantia que as coisas permanecessem para além da época em que foram criadas, "os homens ingressavam na esfera pública por desejarem que algo seu, ou algo que tinham em comum com os outros, fosse

108   DE FIO A PAVIO

mais permanente que suas vidas terrenas", que as coisas de suas lavras fossem testemunhas de que os autores realmente viveram.[2]

O labor produzia bens de consumo, aqueles produtos descartáveis que surgiam e desapareciam rapidamente, atendendo à dimensão do homem como parte da natureza em suas necessidades básicas. Os bens de uso, diferentes dos bens de consumo, eram produtos do trabalho nos quais o que importava era sua permanência, sua estabilidade e sua durabilidade.[3]

Com o advento do cristianismo, houve certa perda dos limites que separavam a vida privada da vida pública, primeiro porque o foco deixou de ser a busca pela imortalidade por meio dos bens duráveis, para ser a aspiração pela vida eterna; segundo, porque a caridade (*caritas*), no dizer de Santo Agostinho, tornou-se o bem maior, o denominador comum a todos os homens. Nessa perspectiva, a linha entre vida privada e vida pública esmaece, porque a vida privada passa a ser da responsabilidade de todos e a vida pública, em particular a política, fica com a função precípua de salvaguardar o bem-estar de todos.

O trabalho, para o Velho Testamento, não tem propriamente um sentido negativo. No Gênesis, Adão recebe a incumbência de cuidar de si e do mundo. A releitura cristã desse trecho, contudo, atribui ao trabalho uma conotação de castigo, no qual Adão e Eva são expulsos do paraíso e precisam trabalhar passando por penas e sofrimentos.

O mito de Prometeu ressalta essa mesma dimensão. Reza a lenda que Prometeu roubou o fogo de Zeus e o deu aos homens, desobedecendo às ordens do soberano. Essa transgressão resultou em um castigo que consistiu em Zeus dar a Prometeu,

---

2   Arendt (1958, p. 65).
3   Arendt (1958).

e consequentemente a todos os homens, Pandora com sua caixa contendo as obrigações: de fecundar, reproduzir e alimentar os descendentes por meio do plantio de grãos.

Na Idade Média, houve algumas tentativas de reabilitar o trabalho braçal igualando-o às demais atividades, mas sem muito sucesso, dada a força do pensamento antigo. Foi somente na Idade Moderna que esse quadro se alterou, com a ascensão da burguesia proveniente de antigos servos que compraram sua liberdade e dedicaram-se ao comércio. Nesse período, incrementaram-se as grandes navegações e os avanços tecnológicos. O homem moderno ficou conhecido pelo fascínio que tinha pelas máquinas.

Aos poucos, surgiu o embrião das futuras fábricas. O acúmulo de capital nas mãos de alguns favoreceu-lhes a compra de matéria-prima e máquinas, bem como a contratação de mão de obra assalariada. Esses novos funcionários eram procedentes das famílias que anteriormente realizavam trabalho doméstico nas antigas corporações e manufaturas e que abriram mão de suas ferramentas de trabalho para sobreviver mediante pagamento. Com o aumento da produção, os novos trabalhadores passaram a atender a jornadas de trabalho preestabelecidas e divisão de tarefas. No século XVIII, o grande desenvolvimento das máquinas a vapor levou ao aumento da produção de tecidos na Inglaterra. Outros setores, como a metalurgia, também avançaram. Entretanto, todo esse desenvolvimento ocorreu em paralelo a uma precarização das condições de trabalho. O movimento de prosperidade e desenvolvimento, de um lado, e de abuso nas condições de trabalho dos trabalhadores, de outro, chamou-se Revolução Industrial. A partir daí, começaram os movimentos reivindicatórios que visavam a alterar essa situação.

Hegel, filósofo do século XIX, formulou uma concepção de trabalho um pouco mais otimista. Segundo o autor, a dominação senhor-escravo representava uma condição na qual ambos os lados interdependiam, ambos tinham igual importância, pois um precisava do outro. Nessa perspectiva, apesar de o trabalhador submeter-se ao senhor, que era o dono dos meios de produção, a *expertise* do último lhe conferia suposta liberdade. Assim, o trabalho poderia ser entendido, também, como expressão de certa liberdade.[4]

Na época do trabalho doméstico nas antigas corporações e manufaturas, o trabalhador conhecia todas as etapas da produção, mas, no início do século XX, foi inaugurada, com Henry Ford em sua indústria automobilística, uma nova forma de produção que seccionou mais ainda a execução das tarefas, caracterizando a linha de montagem. Esse movimento ficou conhecido por *fordismo*. A expressão desse processo de trabalho parcelado foi desenvolvida por Frederick Taylor, no livro *Princípios de administração científica*, com o argumento de que era necessária a máxima racionalização do trabalho com vistas a uma produtividade maior em tempo menor, eliminando os gestos desnecessários e os comportamentos supérfluos. Se, até aquele período, a corporação operária detinha o saber operário, saber/segredo-chave das relações de força, a partir de então esse conhecimento passou a ser domínio dos donos dos meios de produção.

Claro que a desapropriação do *know-how* veio acompanhada da redução da liberdade de invenção. Além desses aspectos, a divisão dos gestos complexos em frações mais simples distribuídas entre vários operários abriu espaço para os sistemas de controle. Tais fatores potencializaram um estado depressivo do trabalhador que condensava sentimentos de indignidade pela vergonha de ser robotizado; de esvaziamento da imaginação e inteligência ante uma tarefa desinteressante; de inutilidade em função de uma tarefa que não possuía significação humana para si e os de seu grupo.[5]

---

4 Aranha e Martins (1986).
5 Dejours (1992).

Nos anos 1980, surgiu, no Japão, na fábrica da Toyota, uma nova estrutura produtiva conhecida como *toyotismo*, na verdade um aprofundamento do *fordismo*, em um sistema ainda mais automatizado e robotizado. Igualmente pernicioso para os operários, o toyotismo visava estoque mínimo (*kanban*) ou *just-in-time*. Para isso acontecer, era necessário que os trabalhadores fossem multifuncionais, em número reduzido, com contrato temporário e de preferência terceirizados. O trabalho era horizontalizado para alcançar as metas, sempre em clima de competição entre as equipes de funcionários. Esse modelo impôs maior controle da direção sobre os funcionários e levou à cooptação dos sindicatos.

A partir da Revolução Industrial, o contingente de mão de obra precisava enquadrar suas qualidades à tarefa ideal. Ali começava a necessidade de instrumentos que medissem essas qualidades dos trabalhadores, gérmen da orientação vocacional. Todavia, a atenção estava nas qualificações do trabalhador em relação ao produto, e não em qualquer adequação que beneficiasse o trabalhador.

Marx expandiu as ideias de Hegel dando grande ênfase à liberdade do homem que trabalha, mas desde que o fizesse para si, estando ou não engajado em um projeto coletivo, sem o que ele seria alienado. Essa condição sugeriria a perda da noção do mundo em que se vive, e esse alheamento em relação ao entorno sugeriria transferir a outros o que seria seu.[6] Nessa linha, o trabalho que produz bens de uso, também chamado de trabalho *concreto*, enalteceria o homem social, ao passo que o trabalho *abstrato* o desumanizaria, uma vez que o alienaria, deixando o homem estranhado do objeto que produziu – justamente o homem fruto do *fordismo*.

No início do século XX, evidenciou-se, de um lado, um volume cada vez maior de mercadorias produzidas pelas fábricas

---

6 Aranha e Martins (1986).

precisando ser escoado e, de outro, um contingente de funcionários acomodados e apáticos, como efeito do trabalho alienante, produzindo o que lhes era inacessível. Pôs-se então em marcha um grande trabalho de *marketing* a fim de atingir um número maior de consumidores. Essa estratégia implicava criar novas necessidades naqueles que seriam os compradores naturais e naqueles que produziam os bens. Assim, aos poucos, os operários passaram a fazer parte da população consumidora de mercadorias. Essa mudança significou uma revolução na mentalidade, processo que se estende até nossos tempos.[7] A sociedade consumidora compreendida por grande parcela populacional forjada pela propaganda de massa perdeu o discernimento das próprias necessidades para ligar-se à imagem que passa para os outros e às impressões superficiais sobre vários aspectos da vida.

Para trabalhadores provenientes do campo ou das cidades menores, o trabalho é intrínseco ao viver. Quando pequenos, desempenham tarefas domésticas simples. Com a idade, veem crescer suas responsabilidades, até chegar ao trabalho fora, em "casa de família" ou empresa. O trabalho para o homem e a mulher simples e submissos é inerente à vida. Trabalham desde sempre porque é a forma de obterem aquilo de que necessitam para viver.

Quanto mais pobre o trabalhador, menores suas chances de escolher um ofício que dê satisfação. Pelo contrário, ele faz o que aparece com vistas ao provimento de suas necessidades. Alguns estudos em psicologia social atestam que o homem sem trabalho se dissolve pessoal e socialmente. Até há pouco tempo, estar sem trabalho não significava unicamente a perda do dinheiro, mas também o excesso de fracasso e humilhação de viver dos favores de outros.

---

7   Lasch (1990).

Aos olhos da psicanálise, o trabalho é apresentado ora sem atenuantes, como um mal necessário com a finalidade precípua de garantir a sobrevivência do indivíduo e da espécie. E ora o trabalho livremente escolhido tem o mesmo *status* das produções culturais e da religião, capazes de fornecer prazer tanto no processo, no exercício de dada profissão, como por meio do resultado final alcançado.

Considerações finais

Ser sujeito da própria vida é uma conquista. Ou se é sujeito, autor das próprias escolhas, ou objeto de outra pessoa, submetido aos interesses dela. Mas assenhorar-se da posição de ser sujeito demanda tempo, tempo de espera para amadurecer e poder responsabilizar-se pelas próprias decisões.

Não dá para querer tudo, sempre temos limitações. Diante do infinito de alternativas, não é possível realizar nada! A realidade oferece limites e cada um tem limites de ordem pessoal. Os limites não são privações. Se assim fossem, correríamos o risco de ficar paralisados diante de cada obstáculo. Mas é justamente por nos faltar algo que desejamos e corremos atrás de satisfazer nossas aspirações.

A construção de uma vida profissional impõe um processo com experimentação e análise.

Toda escolha profissional pede uma análise cuidadosa das variáveis e dos fatores que dizem respeito a cada pessoa. Esse processo é um contínuo conhecer e reconhecer, um desbravar. Uma exploração exige um condutor e um mapa, do contrário vira uma sucessão de pesquisa a esmo, num mar interminável de possibilidades.

A sucessão de experimentação e análise realizadas ao longo da vida perfaz uma trama, como se houvesse um fio confeccionando pontos e laçadas. O desenho da trama surge após certo tempo e é absolutamente singular.

Os ideais podem ser estimuladores ou inibidores. Há quem aspire a ser uma determinada personalidade expressiva no mundo da política ou da televisão e faz tudo com esse objetivo. Contudo ser completamente igual a alguém é impossível, pois existe um filtro na assimilação das características da pessoa ideal e sempre uma parte ficará de fora. De modo que as diferenças cedo ou tarde marcam a presença.

No afã de facilitar o futuro garantindo ingresso rápido nas faculdades e, mais ainda, boas colocações no mercado de trabalho, alguns pais procuram antecipar-se no tempo buscando escolas com currículos preparatórios para a vida profissional desde o ensino fundamental, além de terem uma agenda lotada de atividades complementares. Dessa forma, a criança parece ser um profissional em potencial. É de se perguntar a serviço do quê está todo esse pragmatismo. Indo um pouco adiante nessa reflexão, tenho atentado para as queixas de alguns adolescentes com respeito à preguiça e ao tédio. Reclamam da falta de motivação para realizar as obrigações e muito frequentemente relutam em fazer aquelas atividades apreciadas em períodos anteriores.

Para uma geração de jovens ávida por sensações intensas, distração, divertimento e adrenalina, os períodos de quietude são desesperadores. Às vezes, para manter o pique, usam aditivos como drogas, bebidas, medicamentos, comida, consumo e, atualmente, celular. Tudo isso pode evitar a quietude, mas ela é insistente, aparece no menor intervalo entre uma novidade e outra. Nesse momento, aparece o tédio. Alguns, apesar do tédio, fazem o que tem que ser feito para a vida continuar, outros largam as aulas e pegam DP por faltas.

Os 32 mitos familiares sobre a escolha profissional apresentados neste livro têm a finalidade de proporcionar a reflexão sobre si mesmo em seus aspectos individuais e sociais, o que fortalece cada um na construção de sua carreira. Esse aprofundamento sobre os múltiplos fatores intervenientes na escolha profissional esclarece o sentido que a escolha tem para cada pessoa sempre com vistas ao fortalecimento do projeto pessoal e à realização com as próprias conquistas.

Bibliografia

Aranha, M. L. A.; Martins, M. H. P. (1986). **Filosofando: introdução à filosofia**. São Paulo: Moderna.

Arendt, H. (1958). **A condição humana**. Rio de Janeiro: Forense Universitária, 1991.

Bleger, J. (1984). **Psicologia da conduta**. Porto Alegre: Artes Médicas.

Bleger, J. (2007). **Temas de psicologia: entrevista e grupos**. São Paulo: Martins Fontes.

Bohoslavsky, R. (1977). **Orientação vocacional: a estratégia clínica**. São Paulo: Martins Fontes.

Bohoslavsky, R. (1983). **Vocacional: teoria, técnica e ideologia**. São Paulo: Cortez.

Bohoslavsky, R. (2001). Primeira aula do curso sobre orientação vocacional – estratégia clínica IPUSP, 1975. **Labor: Revista do Laboratório de Estudos sobre o Trabalho e Orientação Profissional**, (0).

118 BIBLIOGRAFIA

Carvalho, M. M. M. J. (1995). **Orientação profissional em grupo.** São Paulo: Editorial Psy.

Debord, G. (1997). **A sociedade do espetáculo.** Rio de Janeiro: Contraponto.

Dejours, C. (1992). **A loucura do trabalho: estudo de psicopatologia do trabalho.** São Paulo: Cortez-Oboré.

Dejours, C. (1999). Sofrimento, prazer e trabalho. In **Conferências brasileiras: identidade, reconhecimento e transgressão no trabalho** (pp. 15-48). São Paulo: Fundap; EAESP/FGV.

Dejours, C. (2012). Psicodinâmica do trabalho e teoria da sedução. **Psicologia em Estudo,** *17*(3), 363-371.

Dowbor, L. (2015). Quais as perspectivas do mercado de trabalho diante do atual cenário econômico e seus impactos nas escolhas profissionais. In **29º Ciclo de Orientação e Informação Profissional.** São Paulo: Organização Colmeia; CIEE.

Dufour, D.-R. (2005). **A arte de reduzir cabeças: sobre a nova servidão na sociedade ultraliberal.** Rio de Janeiro: Companhia de Freud.

Dufour, D.-R. (2009). **O divino mercado: a revolução cultural liberal.** Rio de Janeiro: Companhia de Freud.

Enriquez, E. (1990). **Da horda ao Estado.** Rio de Janeiro: Jorge Zahar.

Erikson, E. (1987). **Identidade: juventude e crise.** Rio de Janeiro: Guanabara.

Ferrari, A. (1996). **Adolescência: o segundo desafio.** São Paulo: Casa do Psicólogo.

Fraschetti, A. (1996). O mundo romano. In G. Levi, J. C. Schmitt (Orgs.), **História dos jovens: da Antiguidade à era moderna** (pp. 64-86, Vol. 1). São Paulo: Companhia das Letras.

Freud, S. (1905). Três ensaios sobre a teoria da sexualidade. In **Edição Standard Brasileira das Obras Psicológicas Completas de Sigmund Freud**. Rio de Janeiro: Imago, 1987. v. VII.

Freud, S. (1908). Escritores criativos e devaneio. In **Edição Standard Brasileira das Obras Psicológicas Completas de Sigmund Freud**. Rio de Janeiro: Imago, 1987. v. IX.

Freud, S. (1912-1913). Totem e tabu. **In Edição Standard Brasileira das Obras Psicológicas Completas de Sigmund Freud**. Rio de Janeiro: Imago, 1987. v. XIII.

Freud, S. (1914). Introdução ao narcisismo. In **Edição Standard Brasileira das Obras Psicológicas Completas de Sigmund Freud**. Rio de Janeiro: Imago, 1987. v. XIV.

Freud, S. (1915a). O inconsciente. In **Edição Standard Brasileira das Obras Psicológicas Completas de Sigmund Freud**. Rio de Janeiro: Imago, 1987. v. XIV.

Freud, S. (1915b). Luto e melancolia. In **Edição Standard Brasileira das Obras Psicológicas Completas de Sigmund Freud**. Rio de Janeiro: Imago, 1987. v. XIV.

Freud, S. (1921). Psicologia de grupo e análise do ego. In **Edição Standard Brasileira das Obras Psicológicas Completas de Sigmund Freud**. Rio de Janeiro: Imago, 1987. v. XVIII.

Freud, S. (1923). Ego e id. In **Edição Standard Brasileira das Obras Psicológicas Completas de Sigmund Freud**. Rio de Janeiro: Imago, 1987. v. XIX.

120 BIBLIOGRAFIA

Freud, S. (1930). Mal-estar na civilização. In **Edição Standard Brasileira das Obras Psicológicas Completas de Sigmund Freud**. Rio de Janeiro: Imago, 1987. v. XXI, p. 88.

Freud, S. (1987). **Edição Standard Brasileira das Obras Psicológicas Completas de Sigmund Freud** (Vol. 1-24). Rio de Janeiro: Imago.

Garcia-Roza, L. A. (1987). **Freud e o inconsciente**. Rio de Janeiro: Jorge Zahar.

Garcia-Roza, L. A. (1995). **Introdução à metapsicologia freudiana** (Vol. 3). Rio de Janeiro: Jorge Zahar.

Guichard, J. (2012). Quais os desafios para o aconselhamento em orientação no início do século XXI? **Revista Brasileira de Orientação Profissional**, *13*(2), 139-152.

Huizinga, J. (1993). **Homo ludens**. São Paulo: Perspectiva.

Homero. (2013). **Odisseia**. São Paulo: Cultrix.

Houaiss, A., Villar, M. S., & Franco, F. M. M. (2009). **Dicionário Houaiss da língua portuguesa**. Rio de Janeiro: Objetiva.

Jeammet, P., & Corços, M. (2005). **Novas problemáticas da adolescência: evolução e manejo da dependência**. São Paulo: Casa do Psicólogo.

Kaes, R. (1997). **O grupo e o sujeito do grupo: elementos para uma teoria psicanalítica do grupo**. São Paulo: Casa do Psicólogo.

Kaes, R. (2011). **Um singular plural: a psicanálise à prova do grupo**. São Paulo: Loyola.

Kancyper, L. (1999). **Confronto de gerações: estudos psicanalíticos**. São Paulo: Casa do Psicólogo.

Kupermann, D. (2003). **Ousar rir: humor, criação e psicanálise** (pp. 65-138). Rio de Janeiro: Civilização Brasileira.

Lasch, C. (1990). **O mínimo eu: sobrevivência psíquica em tempos difíceis.** São Paulo: Brasiliense.

Laplanche, J. (1989). **A sublimação. Problemáticas III.** São Paulo: Martins Fontes.

Laplanche, J., & Pontalis, J. B. (1970). **Vocabulário da psicanálise.** São Paulo: Martins Fontes.

Leite, M. S. R. S. (2015). **Orientação profissional** (Clínica Psicanalítica). São Paulo: Casa do Psicólogo; Pearson.

Levenfus, R. S. (1997). **Psicodinâmica da escolha profissional.** Porto Alegre: Artes Médicas.

Levisky, D. (1995). **Adolescência: reflexões psicanalíticas.** São Paulo: Artes Médicas.

Magalhães, M. O. (2005). **Personalidades vocacionais e desenvolvimento na vida adulta: generatividade e carreira profissional** (Tese de doutorado). Instituto de Psicologia, Pós-Graduação em Psicologia do desenvolvimento, Universidade Federal do Rio Grande do Sul, Porto Alegre.

Magalhães, M. O. (2011). **Matriz de habilidades e interesses profissionais: manual.** São Paulo: Casa do Psicólogo.

Marcuse, H. (1968). **Eros e civilização: uma crítica filosófica do pensamento de Freud.** Rio de Janeiro: Zahar.

Martins, S. R. (2008). Entre raios e trovões: (en) cena perversão social e adoecimento. In R. M. Volich, F. C. Ferraz & W. Ranna (Orgs.), **Psicossoma IV** (pp. 400-418). São Paulo: Casa do Psicólogo.

Meltzer, D., & Harris, M. (1998). **Adolescentes**. Buenos Aires: Spatia.

Nascimento, R. S. G. F. (1995). Sublimação: reparação e a escolha profissional. In A. M. B. Bock (Org.), **A escolha profissional em questão**. São Paulo: Casa do Psicólogo.

Pichon-Rivière, E. (1982a). **O processo grupal**. São Paulo: Martins Fontes.

Pichon-Rivière, E. (1982b). **Teoria do vínculo**. São Paulo: Martins Fontes.

Ribeiro, M. A., & Melo-Silva, L. L. (2011). **Compêndio de orientação profissional e carreira** (Vol. 1). São Paulo: Vetor.

Ribeiro, M. A. (2012). Os desafios contemporâneos para a prática da orientação profissional e de carreira: perspectivas nacionais e internacionais. In **23º Ciclo de Orientação e Informação Profissional**. São Paulo: Colmeia; CIEE.

Rodrigues, A. M. (1978). **Operário, operária: estudo exploratório sobre o operário industrial da Grande São Paulo**. São Paulo: Símbolo.

Schnapp, A. (1996). A imagem dos jovens na cidade grega. In G. Levi, & J. C. Schmitt, **História dos jovens: da Antiguidade à era moderna** (pp. 19-54, Vol. 1). São Paulo: Companhia das Letras.

Silva Junior, N., & Gaspard, J.-L. (2011). A iatrogênese da sublimação em três tempos da cultura. **Sublimação. Revista Brasileira de Psicanálise**, *45*(1), 75-87.

Spaccaquerche, M. E., & Fortin, I. (2009). **Orientação profissional: passo a passo**. São Paulo: Paulus.

Torres, M. L. C. (2001). **Orientação profissional clínica: uma interlocução com conceitos psicanalíticos**. Belo Horizonte: Autêntica.

Valentini, D. B. (2013). **Orientação vocacional: o que as escolas têm com isso**. São Paulo: Papirus.

Voltolini, R. (2011). **Educação e psicanálise**. Rio de Janeiro: Zahar.

Winnicott, D. (1971). **O brincar e a realidade**. Rio de Janeiro: Imago.

Filmes recomendados

Certeza
Direção: Pedro Tobias (Brasil, 2012)

Curta-metragem que conta a história de Paulo, um jovem vestibulando que sofre por sentir dúvidas com relação ao que quer seguir de profissão. Ele não consegue diferenciar seus interesses daqueles de seus pais.

Antes que seja tarde
Direção: André Queiroz (Brasil, 2007)

Esse curta-metragem mostra já no título a que veio, provocar reflexão sobre uma grande questão dos jovens: o tempo. De um lado, tem-se a impressão de que o tempo não corre quando Rodrigo diz de si mesmo: "sou o único otário que não consegue resolver nada". Mas o que está na mesa não é nada banal: a escolha profissional, a declaração de amor e a sexualidade. Aos olhos desse jovem, todos os amigos são resolvidos, menos ele. Ledo engano! Lipe, o amigo por quem tem admiração, diz que parou de fazer as coisas conforme a cabeça dos outros. A solução quanto à incerteza profissional é de abandonar o vestibular para ir para o exterior e decidir o que fazer lá fora. Ora, Lipe tem dúvidas, mas não reconhece que as tem. Rodrigo, por sua vez, aguenta a insatisfação até decidir cursar fotografia, contrariando a aspiração paterna de ter um filho médico.

A garota desconhecida
Direção: Jean-Pierre Dardenne, Luc Dardenne (Bélgica, 2016)

Jenny é uma médica dedicada, que há três meses passou a trabalhar na vaga deixada por um médico veterano, o qual foi seu mentor. Bastante atenciosa com seus pacientes, ela fica abalada ao saber do falecimento de uma jovem que procurou a clínica em que trabalha, mas não conseguiu atendimento por ter chegado uma hora após o horário de encerramento. Querendo saber mais sobre essa jovem, ela passa a realizar uma investigação pessoal em busca de sua identidade. Encontrou muito preconceito, a recusa, e uma situação familiar conflitiva que tornava os parentes indiferentes ao projeto da médica de localizar o corpo da jovem morta e dar-lhe uma sepultura.

O físico
Direção: Philipp Stölzl (Alemanha, 2014)

Inspirado no livro de mesmo título de Noah Gordon, esse belo filme ocorre na Inglaterra, no século XI. Ainda criança, Rob vê sua mãe morrer em decorrência da "doença do lado". O garoto cresce sob os cuidados de Bader, o barbeiro local, que vende bebidas que prometem curar doenças. Ao crescer, Rob aprende tudo o que Bader sabe sobre cuidar de pessoas doentes, mas sonha em saber mais. Após Bader passar por uma operação nos olhos, Rob descobre que na Pérsia há um médico famoso, Ibn Sina, que coordena um hospital, algo impensável na Inglaterra daquela época. Para aprender com ele, Rob aceita não apenas fazer uma longa viagem rumo à Ásia, mas também esconde o fato de ser cristão, já que apenas judeus e árabes podem entrar na Pérsia.

O sol é para todos
Direção: Robert Mulligan (Estados Unidos, 1962)

Filme baseado no livro homônimo de Harper Lee. Na fictícia Maycomb, Alabama, no ano de 1932, Scout é uma curiosa menina de 6 anos que, com muita sensibilidade, percebe as coisas ao seu redor. Ela mora com o pai, Atticus, um respeitado cidadão e advogado, além do irmão mais velho, Jem. Atticus Finch é encarregado de defender Tom Robinson, um homem negro que é acusado de estuprar uma jovem branca. O fato de Atticus – um homem branco que até aquele momento era considerado por muitos um exemplo de integridade e bondade – ter sido encarregado de defender um negro faz com que várias pessoas passem a vê-lo com maus olhos. A família Finch sofre com a mentalidade machista e racista daquela comunidade. O filme retrata um bom exemplo do exercício da advocacia.

Gabriel e a montanha
Direção: Fellipe Barbosa (Brasil, 2017)

O filme conta a história de Gabriel Buchmann, 28 anos, um jovem economista com planos de fazer doutorado no exterior. Antes disso, queria satisfazer o grande sonho: conhecer a África. Entretanto, mais do que visitar seus pontos turísticos, ele desejava conhecer como era o estilo de vida do africano, sem se passar por um turista. Decide encerrar a viagem chegando ao topo do monte Mulanje, localizado no Malawi. Aí se depara com uma empreitada muito difícil e arriscada, principalmente por não acatar as sugestões dos nativos e dos *experts*. Esse filme trata de escolha profissional na

128 FILMES RECOMENDADOS

medida em que mostra a necessidade de reconhecer que os outros, diferentes de si mesmo, têm conhecimentos e competências que lhe serão úteis, até mesmo indispensáveis.

A onda
Direção: Dennis Gansel (Alemanha, 2008)

Filme inspirado em um livro homônimo de 1981. A história retrata os passos na formação de um grupo, que recebeu o nome de "a onda", com jovens de colegial. Com o intuito de ensinar aos alunos o que é autocracia, um professor propõe que eles vivenciem esse processo dando destaque à obediência, uniformização entre os componentes, força do grupo com sua correspondente união e proteção entre os membros do grupo. O carinho entre os participantes da onda e a hostilidade voltada para os de fora, de um lado, e a diminuição da reflexão e da crítica individual, de outro, expressam o perigo desse movimento de massa, próprio de um regime autocrático. Até mesmo o professor idealizador do experimento se deu conta de que o movimento grupal saiu do seu controle. Esse filme destaca as fragilidades de cada pessoa antes de comporem o grupo: sentiam-se angustiados com o término do ciclo do colégio, a perspectiva de irem para faculdades e as decisões quanto à escolha do curso e da faculdade e o fato de ser uma decisão solitária. A onda favoreceu que cada jovem colocasse na prática as suas fraquezas em lugar de conhecê-las, de pensar sobre elas.

Textos recomendados

"Profissões"
Isaac Asimov (In *Nove amanhãs*, tradução de Mário Redondo, Expressão e Cultura, 1972)

Esse conto de ficção científica futurista é ambientado no século XLV. Nesse lugar, o *processo educativo* dos jovens ocorre em dois momentos: aos 8 anos, quando a criança é alfabetizada de maneira rápida por meio de conexões entre o cérebro e computadores. E, no segundo momento, no dia 1º de novembro do ano em que o jovem completa 18 anos. Nesse evento, todos recebem a formação profissional considerada apropriada pelo *establishment* a cada pessoa. Essa operação acontece também por meio de conexões cérebro-computador e, via de regra, são profissões tecnológicas em graus diferentes de operacionalidade e abstração. O protagonista chama-se George Platen, um rapaz que, nesse dia tão esperado de definição da sua profissão, fica aparentemente sem nenhuma após as análises dos dirigentes.

130 TEXTOS RECOMENDADOS

George é encaminhado para uma instituição onde passa por um treinamento. Com o tempo, ele se dá conta de que os moradores da casa, inclusive ele, foram selecionados por fazerem parte de uma *elite* que lê livros e que, ao contrário do que pensava, são muito talentosos. Essas pessoas desempenharão profissões criativas, dominarão o progresso científico e serão a verdadeira fonte de poder da sociedade. Podemos fazer um paralelo entre a história de George e algumas orientações profissionais totalmente apoiadas em testes psicológicos presenciais ou à distância, via computador. Nesses casos, a pessoa não realiza uma escolha com autonomia, mas segue o que lhe é determinado conforme suas qualificações. Aliás, antigamente, toda orientação vocacional se propunha a determinar a profissão indicada para cada pessoa, independentemente do interesse dela.

Os anos de aprendizado de Wilhelm Meister
Johann Wolfgang von Goethe (Tradução de Nicolino Simone Neto, Editora 34, 2006)

Esse delicioso livro conta o trajeto de Wilhelm Meister na carreira de ator e diretor de um grupo de teatro no século XVIII. Inicialmente estudioso na arte da dramaturgia, fica encantado com os textos de um novíssimo dramaturgo, um outro Wilhelm, este, Shakespeare. Sua opção pelo teatro não ocorre sem conflitos, pois contraria o desejo de seus pais burgueses de que o filho seja comerciante. O autor retrata de forma literária impecável e atual o percurso turbulento de Wilhelm na passagem da infância para a maturidade que envolve a definição profissional, a vontade de se diferenciar dos anseios paternos e, com isso, a construção da própria identidade profissional.

A noite da espera
Milton Hatoum (Companhia das Letras, 2017)

Esse livro conta a história de Martin quando jovem secundarista. O período é o da ditadura e a cidade é Brasília. Ele faz parte de um grupo que edita um jornal amador com o qual colabora com traduções de poesias, sua grande paixão. Seu interesse pelos livros não para por aí: acaba fazendo amizade com um livreiro, com quem consegue um emprego. Os amigos realizam intensas discussões que vão de política, amor, estilo de vida, até vestibular. Uns querem fazer Direito, um quer o instituto central de artes, outro ainda quer estudar Ciências Sociais. Entre eles, há uma jovem, Angela, que não se liga "nesse papo de profissão e futuro". Frequenta aulas de filosofia e de projetos de arquitetura, conhece um pouco das duas áreas, no entanto, se recusa a fazer o vestibular. E justifica: "Gosto de disciplinas tão diferentes que não me sentiria bem num curso específico. Um diploma pode trair minha sensibilidade". Esse é um temor de alguns jovens diante da primeira escolha profissional. Todo curso delimita um campo de conhecimento. Esse recorte é necessário para se alcançar uma profundidade, mesmo que a seguir a pessoa adentre outras áreas de conhecimento. O livro também aborda os impactos que esse momento histórico tem sobre a escolha profissional desses jovens. Hatoum promete dois outros livros que darão sequência às peripécias de Martin e sua turma. Vejamos!

Cartas a um jovem poeta
Rainer Maria Rilke (Tradução de Paulo Rónai e Cecília Meireles, Globo, 2005)

Essa pérola, escrita por Rainer Maria Rilke, conta a história de um jovem poeta que busca a orientação de Rilke na arte de escrever. Esse livro reúne os comentários do mestre. O primeiro conselho dado é que deixe de buscar opiniões dos outros, que pare de olhar

132 TEXTOS RECOMENDADOS

para fora. "Não há senão um caminho, procure entrar em si mesmo" (p. 22). Ele pondera que não há profissão boa ou má: todas elas impõem contradições. Todas exigem algumas convenções e estão vulneráveis a preconceitos. Algumas atividades profissionais exigem maior liberdade que outras, embora, por mais amplas que sejam, necessariamente estejam relacionadas às coisas da vida. Um outro conselho do mestre ao jovem poeta é o de que toda profissão tem uma dimensão solitária, o momento de profundo contato com o objeto de trabalho, seja ele qual for.

As pequenas virtudes
Natalia Ginzburg (Tradução de Maurício Santana Dias, Cosac Naify, 2015)

Natalia Ginzburg é uma autora italiana que viveu no século XX e escreve de forma poética e atual sobre a importância da vocação para o ser humano em um dos ensaios dessa coletânea, intitulado "As pequenas virtudes". A ideia é que toda educação ocidental hoje em dia busca transmitir alguns valores: poupança, prudência, astúcia, diplomacia e a busca pelo sucesso. Entretanto, essas são pequenas virtudes, embora presentes e difundidas em nossa sociedade. Já as grandes virtudes não estão dadas, precisam ser desenvolvidas na relação com os nossos filhos. Não é que as pequenas virtudes são desprezíveis ou sem importância, mas têm valor complementar, não podem estar a sós, desacompanhadas das grandes virtudes. A autora traça um paralelo entre grandes e pequenas virtudes em relação ao manejo com o dinheiro e pondera: a sobriedade no uso do dinheiro é diferente de supervalorizá-lo e torná-lo a razão de viver. Fala da coragem em contraposição à prudência; da franqueza e do amor à verdade em oposição à astúcia; do amor ao próximo e abnegação em vez da diplomacia. E amarra o ensaio expondo a grande virtude: o desejo de ser e saber no lugar do desejo de sucesso.

Para ela a vocação é a única saúde e riqueza verdadeiras do homem. Essa é uma das grandes virtudes.

O aprendiz de morte
Terry Pratchett (Tradução de Roberto Denice, Conrad, 2002)

Esse livro da coleção *Discworld* é uma mistura de literatura fantástica e humor próximo de um *comics* ou história em quadrinhos. Conta a história de Mortimer, um rapaz que chega à fase de desenvolvimento educacional de aprendiz. O processo de encontro de cada jovem com uma vaga ocorre em uma grande feira. O protagonista arranja um cargo de aprendiz de morte. Seu instrutor, o sr. Morte, leva Mortimer para o trabalho, que nada mais é do que acompanhar as pessoas em seus momentos finais de vida. O garoto precisa desenvolver competências para essa função. Entre elas, ter certo *sangue frio* para assistir aos fatos sem interferir, uma vez que a ordem deles está fora, inclusive da deliberação do sr. Morte. O problema acontece quando Mortimer presencia injustiças e assassinatos e tenta alterar a sequência dos fatos. No livro, o mestre e o aprendiz, em momentos diferentes, questionam seus desejos de continuar exercendo sua profissão e fazem experimentos divertidos em outras áreas. O sr. Morte fica entediado com seu ofício e delega a função para seu aprendiz. Este, nessa nova função, causa grande confusão nos fios das vidas, e aquele, especialista em decifrar nós, como é descrita sua função como sr. Morte, inveja a liberdade de Mortimer e procura outra profissão.

Escolhas
Felipe Cagno, Gustavo Borges, Cris Peter (Novo Século, 2017)

Esta história em quadrinhos tem como protagonista João Humberto, que queria ser super-herói quando crescesse. O que é um desejo infantil, para ele, se estende até a fase adulta. Tem tanta convicção de que pode desenvolver superpoderes que começa a frequentar laboratórios atrás da poção mágica. Tantas experiências fazem com que efetivamente consiga desenvolver essa fórmula. Mas não adianta ter grandes poderes sem saber como utilizá-los. Além disso, não estava disposto a levar uma vida solitária. Ao longo da história, ele tem que fazer adaptações.

O fazedor de velhos
Rodrigo Lacerda (Cosac Naify, 2008)

A história fala de Pedro, um secundarista às voltas com os livros e sua juventude. Entra na faculdade de história, com a qual nunca se sente plenamente satisfeito. Tem uma paixão, a de procurar livros em sebos, razão pela qual achou que poderia ser um historiador. Foi na tentativa de esclarecer esse conflito que chega ao professor Nabuco, um historiador. A convivência com o professor Nabuco e os desafios que este coloca para Pedro levam-no a conhecer mais a respeito de seus interesses. De maneira perspicaz, o professor Nabuco analisa a forma como Pedro lida com o tempo, já que essa é a matéria-prima do historiador. Alguns dos exercícios propostos pelo professor são jogos usados na orientação profissional, como o de se imaginar no futuro.

Serviços

Colmeia – Instituição a Serviço da Juventude

Rua Marina Cintra, 97 – São Paulo/SP

Tel.: (11) 3881-1545

Site: www.colmeia.org.br

Instituto de Psicologia da USP

Serviço de Orientação Profissional do Instituto de Psicologia da USP CEIP – Centro Escola do Instituto de Psicologia

Avenida Professor Mello Moraes, 1721 – Bloco D – São Paulo/SP – CEP 05508-030

Tel.: (11) 3091-4174 / (11) 3091-2108

Site: http://www.ip.usp.br

Clínica Ana Maria Poppovic

Faculdade de Psicologia da PUC-SP

Rua Almirante Pereira Guimarães, 150 – Pacaembu – São Paulo/SP

Tel.: (11) 3862-6070

Site: http://www.pucsp.br/clinica/servicos-alunos/orientacao_
vocacional.html